130の実践シーンで展開する

ビジネス英会話ダイアローグ

1470の即戦力フレーズが身につく！
社内公用語化にも対応！

長尾和夫 + ケビン・マクギュー著

三修社

はじめに

　日本企業が、社員にさらなる国際競争力を求める時代が訪れつつあります。ユニクロや楽天のように、社内公用語を英語にする大胆な施策を打つ企業も徐々にその数を増していますし、管理職にTOIECの高得点を求める企業もどんどん増加しています。
　これは、ますます過酷になるビジネスの国際競争に打ち勝てるだけの人材を求める、企業の切なる願いの現れと言えるでしょう。いま、あらゆるビジネスに携わる人材には、さらに一歩進んだ国際化が求められているのです。

　それが国内の現場であっても海外であってもまったく同様に、自力でビジネスを開拓・交渉し、自己判断で解決・決済するといった実戦的な能力をもつ人材、つまり地球上のどこにいても即戦力となる人材が、企業にそして日本経済に求められています。
　もちろん即戦力となる人材に求められる資質は、観察力、分析力、判断力、交渉力などなど多岐に及びますが、その中でも必要不可欠なものとして語学力は存在し続けます。

　本書『[130の実践シーンで展開する]ビジネス英会話ダイアローグ』は、そのような過酷な国際ビジネスの現場で仕事をしている人たちに役立てていただくためのビジネス英語を、包括的にこの一冊に凝縮して紹介したいという思いから企画されたものです。
　280ページを超える本書の全5章をフルに使って、社内での日常ビジネス英語、顧客対応の英語、会議・交渉の英語、プレゼンやビジネス電話の英語などを、多岐にわたる実践的なビジネスシーンの中に可能な限り豊富に盛り込みました。

　トータル134シーンにもわたる臨場感溢れる実戦的なダイアローグを過不足なく用意するとともに、134の特徴的なビジネスシーンでよく使う重要表現、さらに、そのシーンに関連したフレーズもできるだけ多く紹介するように心を配りました。そのため、本書に掲載した表現は全部で1500フレーズもの大ボリュームに達しました。

第1章は「顧客対応の英会話」と題し、顧客対応の基本となる自己紹介から、アポイントメントの英語、さらに来客に対応するための英語、そして商談の英語の基本表現などを盛り込んであります。

　第2章「オフィスの英会話」には、社内での英語での基本的なコミュニケーションを行うためのフレーズ、報告・連絡・相談のフレーズなどを多岐にわたって紹介しました。

　第3章「会議・交渉の英語」では、英語での会議を流れに乗って行うための表現や、意見を述べる表現、提案を行う表現、賛否を問う表現など、ロジカルな英語を数多く掲載しました。

　第4章「プレゼンの英語」では、聴衆へのあいさつなど、プレゼン英語の基本からスタートし、資料の配布・説明の英語、効果的なプレゼンを行うための表現テクニックまで、さまざまな項目を載せました。

　最後の**第5章**「ビジネス電話の英会話」には、ビジネス電話の受け応え、電話の保留や取次ぎの表現など、ビジネス電話で必須の表現を数多く収めました。

　繰り返しになりますが、本書は国際ビジネスにトータルに対応できる英会話書籍を目指しました。同時に、国内企業における英語公用語化にも対応できる数多くの表現群も本書の中にはぎっしり詰まっています。

　みなさんひとりひとりがさらに国際化していくビジネス社会の中で成功を収めていただくための一助に本書がなったとしたら、著者としてこれ以上のよろこびはありません。

　最後になりますが、本書の上木にご尽力いただいた、三修社のスタッフのみなさまに心よりの感謝の言葉を申し上げます。

2011年3月吉日
A+Café 主宰　長尾和夫

もくじ / Contents

はじめに Preface 3
本書の使い方 How to Use 8

第1章「顧客対応の英会話」

Unit 1	「初対面のあいさつ」......... 12 Greeting People for the First Time
Unit 2	「自己紹介する」......... 14 Introducing Yourself
Unit 3	「人を紹介する」......... 16 Introducing Others
Unit 4	「紹介されたとき」......... 18 Being Introduced
Unit 5	「初対面で役立つ表現」......... 20 Useful Phrases When Meeting People
Unit 6	「アポイントの電話をかける」......... 22 Calling for an Appointment
Unit 7	「アポイントの電話を受ける」......... 24 Taking an Appointment on the Phone
Unit 8	「ミーティングの要望を伝える」......... 26 Requesting a Meeting
Unit 9	「ミーティングを承諾する」......... 28 Agreeing to a Meeting
Unit 10	「ミーティングの時間と場所の決定」......... 30 Deciding the Time & Place for a Meeting
Unit 11	「オフィスへの道順を伝える」......... 32 Giving Direction to the Office
Unit 12	「ミーティングの場所をたずねる」......... 34 Asking about the Meeting Place
Unit 13	「ミーティングの場所を説明する」......... 36 Explaining the Meeting Place
Unit 14	「自社情報を伝える」......... 38 Giving your Contact Details
Unit 15	「会社の資料を送ってもらう」......... 40 Asking for Company Information
Unit 16	「会社の資料を送る」......... 42 Arranging to Send Company Information
Unit 17	「アポイントの変更を頼む」......... 44 Asking to Change an Appointment
Unit 18	「アポイントに遅れる場合」......... 46 Informing You Will Be Late for an Appointment
Unit 19	「来客へのあいさつ」......... 48 Greeting Visitors
Unit 20	「外国から来た人へのあいさつ」......... 50 Greeting Visitors from Abroad
Unit 21	「来客にスケジュールを伝える」......... 52 Explaining a Schedule to Visitors
Unit 22	「宿泊場所を伝える／案内する」......... 54 Explaining the Location of Accommodations
Unit 23	「オフィスや施設の案内」......... 56 Explaining Office Facilities
Unit 24	「自社の印象をたずねる」......... 58 Asking for Comments about Your Company
Unit 25	「会社の印象をコメントする」......... 60 Making Comments about a Company
Unit 26	「受付であいさつする／用件を言う」......... 62 Stating Your Business at Reception
Unit 27	「受付での応対／接客」......... 64 Greeting Visitors at Reception
Unit 28	「座ってもらう／飲み物を勧める」......... 66 Asking Visitors to Sit & Offering a Drink
Unit 29	「ミーティング前のスモールトーク」......... 68 Making Small Talk Before a Meeting
Unit 30	「ミーティングの本題に入る」......... 70 Introducing the Main Topic of a Meeting
Unit 31	「ミーティングを中座する」......... 72 Leaving in the Middle of a Meeting
Unit 32	「途中休憩を取るとき」......... 74 Taking a Break During a Meeting
Unit 33	「ミーティングを終えるとき」......... 76 Ending a Meeting
Unit 34	「別れるときのあいさつ」......... 78 Saying Farewell Greetings
Unit 35	「別れるときのスモールトーク」......... 80 Making Small Talk After a Meeting

第2章「オフィスの英会話」

Unit 36	「あいさつする／返す」......... 84 Greetings and Replies
Unit 37	「お昼などの休憩に入る／休憩から戻る」......... 86 Leaving the Office for a Break
Unit 38	「オフィスに戻ったときのあいさつ」......... 88 Returning to the Office
Unit 39	「遅刻の連絡／病欠の連絡をする」......... 90 Calling to Say You Will Be Late or Are Sick
Unit 40	「休暇／早退を願い出る」......... 92 Asking for Days Off/Asking to Leave Work Early
Unit 41	「勤怠の連絡を受ける／許可する」......... 94 Taking a Call and Giving Permission for Time Off
Unit 42	「時間があるか聞く」......... 96 Asking If Someone Has Time
Unit 43	「都合を答える（時間がある／ないと言う）」......... 98 Explaining When You Are Available
Unit 44	「仕事を依頼する」......... 100 Asking Someone to Do Something
Unit 45	「仕事を受ける／避ける」......... 102 Accepting/Refusing an Assignment

005

Unit 46	「残業を求める」......... 104 Asking Someone to Work Overtime	Unit 69	「発言を促す／遮る」......... 152 Encouraging Comments/Deferring Comments
Unit 47	「残業を受け入れる／避ける」......... 106 Accepting/Refusing Overtime	Unit 70	「意見を求める」......... 154 Asking for Opinions
Unit 48	「相手のスケジュールを確認する」......... 108 Checking Someone's Schedule	Unit 71	「意見を言う」......... 156 Expressing Opinions
Unit 49	「報告・連絡・相談する」......... 110 Reporting, Contacting and Consulting	Unit 72	「意見を保留する」......... 158 Expressing Reservations
Unit 50	「報告を受ける／確認する」......... 112 Accepting and Confirming Information	Unit 73	「相手の意見を確認する」......... 160 Confirming Someone's Opinion
Unit 51	「また聞きの事実を述べる」......... 114 Making Sense of Hearsay	Unit 74	「確認への受け応え」......... 162 Restating Your Opinion
Unit 52	「内密の話をする」......... 116 Talking about a Private Matter	Unit 75	「相手の誤解を訂正する」......... 164 Correcting Misunderstandings
Unit 53	「指示を仰ぐ」......... 118 Asking for Instructions	Unit 76	「繰り返してもらう」......... 166 Asking Someone to Repeat Themselves
Unit 54	「判断を伝える／指示する」......... 120 Making Decisions/Giving Instructions	Unit 77	「知識や情報をたずねる」......... 168 Asking for Information
Unit 55	「要望を伝える／改善を指示する」......... 122 Giving Instructions for Improvement	Unit 78	「知識や情報を答える」......... 170 Giving Information
Unit 56	「アドバイスする」......... 124 Giving Advice	Unit 79	「実現可能性をたずねる」......... 172 Asking about Feasibility
Unit 57	「許可を求める／許可する」......... 126 Asking for Permission/Giving Permission	Unit 80	「推測・予測を述べる」......... 174 Making Conjectures
Unit 58	「感謝する／感謝への返事」......... 128 Expressing Gratitude/Accepting Gratitude	Unit 81	「仮定して話す／条件をつけて話す」......... 176 Speaking Hypothetically
Unit 59	「ほめる／ほめ言葉の返事」......... 130 Giving Praise/Responding to Praise	Unit 82	「例外を述べる」......... 178 Speaking about Exceptions
Unit 60	「激励する／激励への返事」......... 132 Giving Encouragement	Unit 83	「目的・目標をたずねる」......... 180 Asking about Objectives
Unit 61	「不満を述べる／不満への対応」......... 134 Expressing Dissatisfaction/Responding to a Complaint	Unit 84	「目的・目標を答える」......... 182 Stating Objectives
Unit 62	「警告する／責任を追及する」......... 136 Giving a Warning/Investigating Responsibility	Unit 85	「必要なことについて話す」......... 184 Talking about Necessities
Unit 63	「責任を取る／否定する」......... 138 Taking Responsibility/Refusing Responsibility	Unit 86	「根拠・信頼性について話す」......... 186 Discussing Credibility
Unit 64	「謝罪する／謝罪への対応」......... 140 Making an Apology/Responding to an Apology	Unit 87	「賛否を問う」......... 188 Asking for Agreement/Disagreement

第3章「会議・交渉の英語」

Unit 65	「会議を始める／議題を述べる」......... 144 Opening a Meeting and Introducing the Agenda	Unit 88	「賛成する」......... 190 Expressing Approval
Unit 66	「前回の会議について述べる」......... 146 Reviewing the Previous Meeting	Unit 89	「反対する」......... 192 Expressing Opposition
Unit 67	「質問する」......... 148 Asking a Question	Unit 90	「理由をたずねる／述べる」......... 194 Asking the Reasons for Something/Giving Reasons
Unit 68	「話に割り込む」......... 150 Joining the Conversation	Unit 91	「問題点を述べる／利点を述べる」......... 196 Expressing Pros and Cons
		Unit 92	「提案を求める」......... 198 Asking for Suggestions

Unit 93	「代替案を提案する」......... 200 Suggesting an Alternative Plan
Unit 94	「選択肢を提示する」......... 202 Giving Alternatives
Unit 95	「妥協を提案する」......... 204 Suggesting a Compromise
Unit 96	「自分の意見を変える／取り下げる」......... 206 Changing or Withdrawing an Opinion
Unit 97	「意見が一致しない場合」......... 208 Ending with a Disagreement
Unit 98	「採決を取る」......... 210 Taking a Vote
Unit 99	「会議の成果・結論を述べる」......... 212 Summarizing a Meeting
Unit 100	「結論を先に延ばす」......... 214 Deferring a Decision
Unit 101	「会議を終える」......... 216 Ending a Meeting

第4章「プレゼンの英語」

Unit 102	「聴衆へのあいさつ／自社紹介／自己紹介」......... 220 Making Greetings, Introductions and Company Introductions
Unit 103	「プレゼンの目的を説明する」......... 222 Explaining the Purpose of a Presentation
Unit 104	「プレゼンの構成を説明する」......... 224 Explaining the Structure of Your Presentation
Unit 105	「資料・機材について説明する」......... 226 Introducing Materials
Unit 106	「モニター・資料を見てもらう」......... 228 Showing Materials and Screens
Unit 107	「画面やページを参照してもらう」......... 230 Pointing Out a Specific Part of the Screen or Page
Unit 108	「グラフの説明」......... 232 Explaining a Graph
Unit 109	「数値の説明」......... 234 Explaining Numerical Data
Unit 110	「目標値の説明」......... 236 Explaining Target Numbers
Unit 111	「別の言葉に置き換えて説明する」......... 238 Explaining in Other Words
Unit 112	「例を示す」......... 240 Giving an Example
Unit 113	「比喩を使って説明する」......... 242 Making a Metaphor
Unit 114	「サマライズする」......... 244 Summarizing a Presentation
Unit 115	「質問を受けつける」......... 246 Taking Questions

Unit 116	「質問への応答」......... 248 Responding to Questions
Unit 117	「プレゼンの締め括り」......... 250 Ending a Presentation

第5章「ビジネス電話の英会話」

Unit 118	「電話を受ける」......... 254 Answering a Call
Unit 119	「自分宛の電話を受ける」......... 256 Taking a Call
Unit 120	「自分がだれか名乗る」......... 258 Making a Call
Unit 121	「話したい相手を指定する英語」......... 260 Asking for a Specific Person
Unit 122	「相手の名前をたずねる表現」......... 262 Asking the Caller's Name
Unit 123	「聴き取れなかったとき」......... 264 Asking the Speaker to Repeat Themselves
Unit 124	「相手の用件を聞く」......... 266 Asking the Purpose for a Call
Unit 125	「相手を電話口で待たせるとき」......... 268 Asking the Caller to Hold
Unit 126	「内線でつなぐとき」......... 270 Connecting the Caller to an Extension
Unit 127	「かけ直してもらうとき」......... 272 Asking the Caller to Call Another Number
Unit 128	「間違い電話への対処」......... 274 Replying to a Wrong Number Call
Unit 129	「指定された相手が出られないとき」......... 276 Giving Alternatives When the Person Called Is Not Available
Unit 130	「不在・出られないと言われたとき」......... 278 Choosing an Alternative When Someone Is Not Available
Unit 131	「メッセージを預かる」......... 280 Taking a Message
Unit 132	「不在時の受け応えの締め括り」......... 282 Replying to a Choice
Unit 133	「電話が途切れてしまったとき」......... 284 Calling Again After Being Cut Off
Unit 134	「電話を切るときの英語」......... 286 Ending a Phone Call

本書の使い方

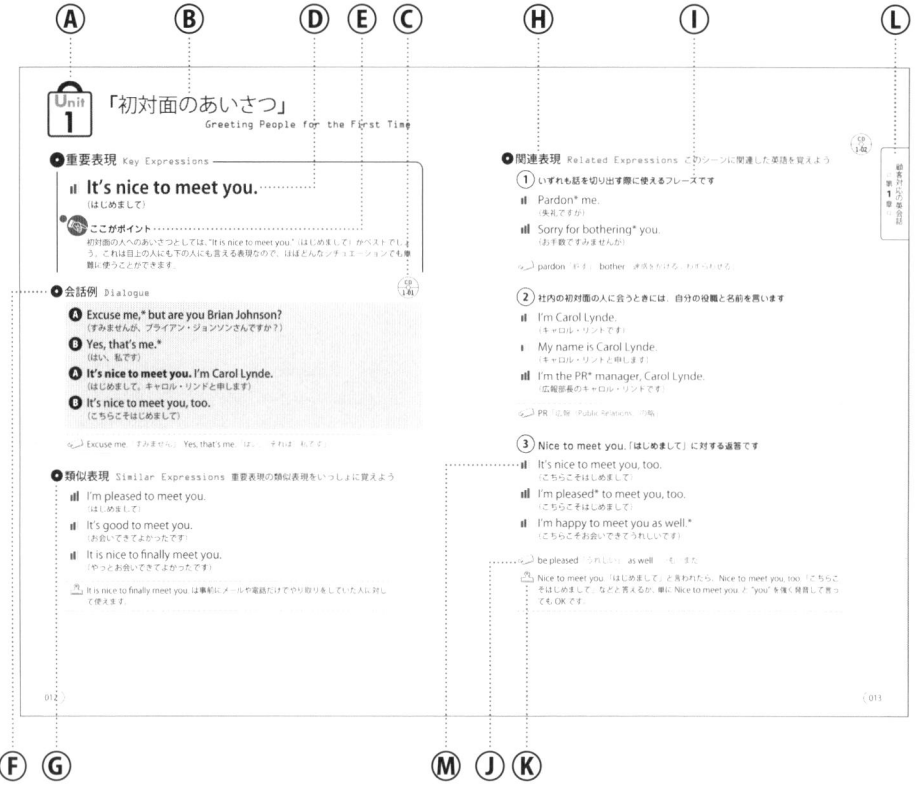

Ⓐ ユニットナンバー
ユニットの通し番号を表示しています。

Ⓑ ユニットタイトル
当該ユニットのタイトルです。

Ⓒ CDトラック
数字がCDの番号とトラックの番号を示しています。2-25なら、CD2のトラック25という意味です。CDは男女2人ずつのナレーターを使い、会話例 = Dialogue と、類似表現 = Similar Expressions、関連表現 = Related Expressions のすべての音声を収録しています。

(D) 重要表現　Key Expressions
そのユニットで学習するもっとも重要な表現です。重要表現はダイアログの中にも登場します。（CD には音声収録なし）

(E) ここがポイント
当該ユニットの学習のポイントや、英語でのビジネスにおける注意点、知っておくべき知識などを簡潔にまとめておきました。

(F) 会話例　Dialogue
現実のビジネスに即した英語のダイアローグです。ビジネスシーンの中で実戦的に使える重要表現を含めてそれぞれのダイアローグを構成しました。本書を通して全134ものダイアローグを用意しました。（CD 音声収録あり）

(G) 類似表現　Similar Expressions
ユニットの重要表現に似ているフレーズをまとめました。各ユニットに3表現用意してあります。重要表現といっしょに覚えると効率的です。（CD 音声収録あり）

(H) 関連表現　Related Expressions
各ユニットに登場するビジネスシーンに関連した表現を、3分類して、それぞれ2〜3表現掲載しました。この関連表現では、各ユニット7表現が覚えられるようになっています。（CD 音声収録あり）

(I) 関連表現の小見出し
関連表現がどのような場面、状況で使われるのかを短くまとめて小見出しとしました。

(J) ボキャブラリー解説
会話例や類似表現、関連表現の語句を解説しています。

(K) ポイント解説
語句以外の事柄に関する解説を適宜まとめてあります。

(L) 章タイトル表示
章のタイトルを、わかりやすいツメ見出しとして、この部分に表示しました。

(M) ていねい度アイコン
表現のていねい度を示すアイコンを各センテンスの頭に付けておきました。3本のアンテナのうち、1本だけが黒く塗られているとき（ ▎ ）は、ややカジュアルな表現です。2本が塗られている場合（ ▎▎ ）は、ビジネス一般で汎用的に使用できます。3本とも塗られているとき（ ▎▎▎ ）は、やや丁重でかしこまった感じがする言い回しです。

装丁　森村直美（クリエーターズユニオン）
CD制作　誠音社
編集協力　A+Café

第1章

顧客対応の英会話

「初対面のあいさつ」
Greeting People for the First Time

●重要表現 Key Expressions

It's nice to meet you.
(はじめまして)

ここがポイント
初対面の人へのあいさつとしては、"It is nice to meet you."（はじめまして）がベストでしょう。これは目上の人にも下の人にも言える表現なので、ほぼどんなシチュエーションでも無難に使うことができます。

●会話例 Dialogue

A Excuse me,* but are you Brian Johnson?
(すみませんが、ブライアン・ジョンソンさんですか？)

B Yes, that's me.*
(はい、私です)

A **It's nice to meet you.** I'm Carol Lynde.
(はじめまして。キャロル・リンドと申します)

B It's nice to meet you, too.
(こちらこそはじめまして)

Excuse me.「すみません」　Yes, that's me.「はい、（それは）私です」

●類似表現 Similar Expressions　重要表現の類似表現をいっしょに覚えよう

- I'm pleased to meet you.
  (はじめまして)

- It's good to meet you.
  (お会いできてよかったです)

- It is nice to finally meet you.
  (やっとお会いできてよかったです)

It is nice to finally meet you. は事前にメールや電話だけでやり取りをしていた人に対して使えます。

● **関連表現** Related Expressions このシーンに関連した英語を覚えよう

(1) いずれも話を切り出す際に使えるフレーズです

- Pardon* me.
  （失礼ですが）

- Sorry for bothering* you.
  （お手数ですみませんが）

> pardon「許す」 bother「迷惑をかける；わずらわせる」

(2) 社内の初対面の人に会うときには、自分の役職と名前を言います

- I'm Carol Lynde.
  （キャロル・リンドです）

- My name is Carol Lynde.
  （キャロル・リンドと申します）

- I'm the PR* manager, Carol Lynde.
  （広報部長のキャロル・リンドです）

> PR「広報（Public Relations）の略」

(3) Nice to meet you.「はじめまして」に対する返答です

- It's nice to meet you, too.
  （こちらこそはじめまして）

- I'm pleased* to meet you, too.
  （こちらこそはじめまして）

- I'm happy to meet you as well.*
  （こちらこそお会いできてうれしいです）

> be pleased「うれしい」 as well「…も（また）」

Nice to meet you.「はじめまして」と言われたら、Nice to meet you, too.「こちらこそはじめまして」などと答えるか、単に Nice to meet you. と "you" を強く発音して言ってもOKです。

# 「自己紹介する」

Introducing Yourself

●重要表現 Key Expressions

📊 I'm Edward Plimpton of ABC Computing.
（ABC コンピューティングのエドワード・プリンプトンです）

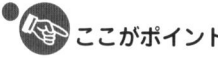

他社の人とはじめて会うときには、自分のフルネームと会社名を名乗りましょう。たとえ相手があなたの会社名を知っている可能性が高い場合でも、フォーマルな自己紹介では会社名も伝えます。

●会話例 Dialogue

A Good morning. Is Helen Clarke in?*
（おはようございます。ヘレン・クラークさんはいらっしゃいますか？）

B Yes, I'm Helen Clarke.
（はい、私がヘレン・クラークです）

A Nice to meet you, Helen. **I'm Edward Plimpton of ABC Computing.**
（はじめまして、ヘレンさん。ABC コンピューティングのエドワード・プリンプトンです）

B It's nice to meet you, Edward. We have been expecting* you.
（はじめまして、エドワードさん。お待ちしていました）

Is … in?「…はいますか？」　expect「期待して待つ」

●類似表現 Similar Expressions　重要表現の類似表現をいっしょに覚えよう

- 📊 Hello, I'm here from ABC Computing. My name is Erin Plimpton.
（ABC コンピューティングから来ました。エリン・プリンプトンと申します）

- 📊 My name is Erin Plimpton. I'm here from ABC Publishing House.*
（エリン・プリンプトンと申します。ABC パブリッシングハウスから来ました）

- 📊 I'm Erin Plimpton, the sales manager* of ABC Computing.
（エリン・プリンプトンです。ABC コンピューティングの営業部長です）

publishing house「出版社」　sales manager「営業部長」

● 関連表現 Related Expressions　このシーンに関連した英語を覚えよう

① 自分の会社名や役職を伝える表現です

- I'm from ABC Computing.
  （ABC コンピューティングから来ました）
- I'm with ABC Computing.
  （ABC コンピューティングの者です）
- I'm the sales manager of ABC Computing.
  （ABC コンピューティング社の営業部長です）

社外にいるときは、I'm from ... と I'm with ... を使いましょう。

② 訪問する相手がいるかどうか下記のような表現でたずねましょう

- Is Helen Clarke in the office presently?*
  （ヘレン・クラークさんはいらっしゃいますか？）
- Is Helen Clarke here at the moment?*
  （いま、ヘレン・クラークさんはいらっしゃいますか？）

presently「いま」　at the moment「ただいま」

③ 来てくれたお礼や、訪問を楽しみにしていたことを伝えるのも忘れずに

- We've been looking forward to* your visit.
  （訪ねていただけるのを楽しみにしていました）
- Thank you for coming.
  （お越しいただきありがとうございます）

look forward to ...「…を楽しみにする」

Unit 3 「人を紹介する」

Introducing Others

●重要表現 Key Expressions

I'd like you to meet our IT manager, Steven Thompson.
（IT部長のスティーブン・トンプソンを紹介します）

ここがポイント
社内の人を他社の人に紹介するときには、フルネームと役職を伝えます。他社の人を紹介するときにはフルネームと社名を伝えましょう。

●会話例 Dialogue

A Mr. Plimpton, please come this way.* There is someone I would like you to meet.
（プリンプトンさん、こちらへどうぞ。紹介したい者がおります）

B OK.
（はい）

A Here he is.* I'd like you to meet* our IT manager, Steven Thompson.
（こちらです。IT部長のスティーブン・トンプソンを紹介します）

C Nice to meet you.
（はじめまして）

B I have been looking forward to meeting you. I'm Edward Plimpton of ABC Computing.
（お会いできるのを楽しみにしていました。ABCコンピューティングのエドワード・プリンプトンです）

> Please come this way.「こちらへどうぞ」　Here he/she is.「彼／彼女がいました」
> I'd like you to meet ...「あなたに…と会ってほしいのですが」

●類似表現 Similar Expressions　重要表現の類似表現をいっしょに覚えよう

- Allow me to* introduce our CEO.
  （社長を紹介させてください）
- I'd like to introduce our IT manager.
  （IT部長を紹介します）
- I'd like you to meet Steven.
  （スティーブンを紹介します）

> Allow me to ...「私に…させてください」

016

● 関連表現 Related Expressions　このシーンに関連した英語を覚えよう

① 「紹介したい人がいます」は下記のようなフレーズで表現します

- Please allow me to introduce you to someone.
  (あなたを紹介したい人がいます)
- There is someone I would like to introduce you to.
  (あなたを紹介したい人がいます)
- I would like to introduce you to someone.
  (あなたを紹介したい人がいます)

② 初対面でも前から知っていた人に会うときのあいさつです

- It's nice to finally* meet you.
  (やっとお会いできてよかったです)
- It is good to meet you at last.*
  (やっとお会いできてよかったです)

---
finally「やっと」　at last「ついに；やっと」

話を聞いたことのある人や電話などでやり取りしたことのある人に対しては、It is nice to meet you.「はじめまして」は使いません。上記の表現を使いましょう。

---

③ お客様を案内する表現です

- Would you follow* me, please?
  (こちらへついてきていただけますか？)
- Right this way, please.
  (こちらへどうぞ)

---
follow「ついてくる；追う」

お客様に待っていてもらいたいときは、Please wait here and I will be right back.「こちらでお待ちください、すぐに戻ります」と言えば OK です。

「紹介されたとき」

Being Introduced

●重要表現 Key Expressions

Have you heard about me?
（私のことを知っていらっしゃるんですか？）

ここがポイント
人を紹介されたときに It is nice to finally meet you. 「やっとお会いできてよかったです」や I have heard so much about you. 「あなたのことはいろいろ聞いていますよ」などと言われたら、相手があなたを知っているということです。どのようにして知ったのか、会社についてどんなことを知っているのかなどをたずねてみるといいでしょう。

●会話例 Dialogue

A Oh, here she is now. This is our research* manager, Diane Lewis.
（ああ、彼女が来ました。こちらがリサーチマネジャーのダイアン・ルイスです）

B It's very nice to meet you. I am very interested in your work.
（はじめまして。あなたの仕事にはとても興味があります）

C Nice to meet you, too. **Have you heard about me?**
（こちらこそはじめまして。私のことを知っていらっしゃるんですか？）

B Yes. I saw a presentation* you gave on research methods.*
（はい。あなたのリサーチ方法についてのプレゼンテーションを観たんです）

research「リサーチ；研究」　presentation「プレゼンテーション」　method「方法」

●類似表現 Similar Expressions　重要表現の類似表現をいっしょに覚えよう

Are you familiar with* our products?
（弊社の商品をよくご存知でいらっしゃいますか？）

Have you heard about our company?
（弊社のことを知っていらっしゃるんですか？）

Do you know about our website?
（弊社のホームページのことをご存じですか？）

be familiar with ...「…のことをよく知っている；馴染みがある」

● **関連表現** Related Expressions　このシーンに関連した英語を覚えよう

① 自分や自社のことをどうして知ったのかをたずねてみましょう

- How did you know my name?
  （私の名前をどうしてご存じでいらっしゃるんですか？）
- How did you find out about* our company?
  （弊社をどうやって見つけられたんですか？）
- Tell me, how much do you know about our company?
  （弊社のことをどのぐらい知っているか教えてください）

find out about ...「…を見つけ出す；気づく」

② 相手のことをよく知っていると伝えると好印象になります

- I've heard a lot about you.
  （あなたのことはいろいろ聞いております）
- I am very familiar with your work.
  （あなたの仕事はよく存じ上げております）

③ いつ、どのようにして相手のことを知ったのかを伝える表現

- I attended* a presentation you gave on research methods.
  （あなたのリサーチ方法についてのプレゼンテーションに参加しました）
- I heard a lecture* you gave last year.
  （あなたの昨年の講義を聴きました）
- I read an article* you published* last month.
  （先月御社が公表なさった記事を読みました）

attend「出席する」　lecture「講義」　article「記事」　publish「発行する」

「初対面で役立つ表現」
Useful Phrases When Meeting People

● **重要表現** Key Expressions

What do you do?
（どういうお仕事をなさっているんですか？）

 ここがポイント

ビジネスで人と会うときには、相手にたずねる最初の質問は、相手の仕事の職務内容や会社のことになりますね。相手の会社をすでに知っている場合は、相手の職務内容や勤めている部署についてたずねてみるといいでしょう。

● **会話例** Dialogue

A Hello. I am David Lawson. It's nice to meet you.
（こんにちは。デイヴィッド・ローソンと申します。はじめまして）

B It is nice to meet you, David. **What do you do?**
（はじめまして、デイヴィッドさん。どういうお仕事をなさっているんですか？）

A I'm a computer systems engineer. And yourself?
（コンピューター・システムエンジニアをしています。あなたは？）

B I work in* online marketing.
（オンライン・マーケティングの分野で働いています）

work in ... 「…の分野で働く」

● **類似表現** Similar Expressions 重要表現の類似表現をいっしょに覚えよう

- What kind of job do you have?
（どういうお仕事をなさっているんですか？）
- What kind of work do you do?
（どういうお仕事をなさっているんですか？）
- What do you do for a living?*
（どういうお仕事をなさっているんですか？）

for a living 「生活のために」

仕事の分野をたずねるには、What field are you in?「どんな分野のお仕事をなさっているんですか？」と言うのが一般的です。

● **関連表現** Related Expressions このシーンに関連した英語を覚えよう

(1) 仕事の分野を伝える表現です

- I work in information technology.*
  (IT 分野で働いています)
- I'm in marketing.
  (マーケティング分野で働いています)
- I work in the marketing field.*
  (マーケティング分野で働いています)

information technology = IT　field「分野」

(2) 仕事内容を伝える基本表現です

- I work as a graphic designer.
  (グラフィックデザイナーをしています)
- I'm employed as* a computer programmer.
  (コンピュータープログラマーとして会社に勤務しています)

be employed as ...「…として雇われている」

(3) 質問に答えたら、同様に相手の仕事についてもたずねましょう

- And yourself?
  (あなたのほうは？)
- What about* yourself?
  (あなたのほうは？)
- And what do you do?
  (あなたのほうは？)

What about ...?「…についてはどうですか？」

相手の質問に対して自分が答えたあと、同じ内容の質問を相手に返すときに使いましょう。

Unit 6 「アポイントの電話をかける」

Calling for an Appointment

●重要表現 Key Expressions

I'd like to request an appointment for Friday.
(金曜日にアポを取りたいのですが)

ここがポイント
電話でアポを取るときは、まずアポを取りたい理由、自分にとって都合のいい日にちを伝えます。相手もその日が空いていたら、都合のいい時間帯を決めましょう。

●会話例 Dialogue

A Hello. This is James Malcom of ABC Printers.
(もしもし。ABC プリンターズのジェイムズ・マルカムです)

B Hello. How may I help you?
(もしもし。どういったご用件でしょうか?)

A Your CEO,* Michael Joiner asked me to come and explain* our printing services. **I'd like to request an appointment for Friday.**
(御社の CEO のマイケル・ジョイナーさんに弊社のプリントサービスの説明にきてほしいと言われているんです。金曜日にアポを取りたいのですが)

B OK. Mr. Joiner is available* on Friday. Would 3pm suit* you?
(わかりました。ジョイナーさんは金曜日は空いています。3時からはいかがでしょうか?)

CEO = Chief Executive Officer「最高経営責任者」 explain「説明する」
available「(人が)手が空いている;会える」 suit「(都合などが)合う」

●類似表現 Similar Expressions 重要表現の類似表現をいっしょに覚えよう

- Would it be possible to* make an appointment for Wednesday?
  (水曜日にアポを取ることはできますか?)

- I'd like to come on Friday, if that is alright.
  (もしよかったら、金曜日に伺いたいのですが)

- Could I make an appointment for Tuesday afternoon?
  (火曜日の午後にアポを取ることはできますか?)

Would it be possible to ...?「…することはできますか?」

● **関連表現** Related Expressions このシーンに関連した英語を覚えよう

① アポ取りのときは、緊急かどうかを必ず伝えましょう

- I'd like to make an appointment on an urgent* matter.
  (緊急の件でアポを取りたいのですが)
- I'd like to make an appointment as soon as possible.
  (できるだけ早くアポをお願いしたいのですが)
- I'd like to set up an appointment* whenever it is convenient* for you.
  (ご都合がいいときにアポを設定したいのですが)

urgent「緊急の」　set up an appointment「アポを設定する」　convenient「都合がいい」

② アポを取りたい理由も必ず伝えます

- Your CEO, Michael Joiner requested* that I come and explain our printing services.
  (御社のCEOのマイケル・ジョイナーさんに弊社のプリントサービスの説明にきてほしいと言われました)
- The sales manager of your company requested some samples of our products.*
  (御社の営業部長に弊社の商品サンプルを依頼されました)
- Your IT manager asked that I come to give a demonstration* of our monitors.
  (御社のIT部長から、弊社のモニターのデモをしにきてほしいと言われました)

request「依頼する」　product「製品；商品」　demonstration「実演」

③ 相手の時間の都合を聞くときに使うを覚えましょう

- Would 3 in the afternoon be OK for* you?
  (午後の3時からはいかがでしょうか？)
- How would 3 pm be for you?
  (3時からはいかがでしょうか？)

be OK for ...「(人)にとって大丈夫だ」

Unit 7 「アポイントの電話を受ける」
Taking an Appointment on the Phone

●重要表現 Key Expressions

📶 What is the purpose of your visit?
（ご訪問の用件はなんでしょうか？）

ここがポイント
アポを取りたいという電話を受けたときには、日にちと時間を確認するだけでは不十分です。あらかじめ自社で対応する準備ができるよう、相手の訪問理由もたずねておきましょう。重要表現を使って、What is the purpose of your visit?「ご訪問の用件はなんでしょうか？」と言えば OK です。

●会話例 Dialogue

A Hello. How may I help you?
（もしもし。どういったご用件でしょうか？）

B Hello. This is Jason Jarman of ABC Publishing. I would like to make an appointment with Rodney Lord.
（もしもし。ABC パブリシングのジェイソン・ジャーマンです。ロドニー・ロードさんとのアポを取りたいのですが）

A What is the purpose* of your visit?
（ご訪問の用件はなんでしょうか？）

B Mr. Lord asked me to come and explain our advertising* rates.*
（ロードさんから弊社の広告価格表の説明にきてほしいと依頼されています）

---

purpose「目的」　advertising「広告の」　rates「価格」

●類似表現 Similar Expressions　重要表現の類似表現をいっしょに覚えよう

📶 What is the purpose of the appointment?
（アポのご用件はなんでしょうか？）

📶 Why would you like an appointment?
（どういったご用件でアポをお望みでしょうか？）

📶 What is the reason* for your visit?
（ご訪問の理由はなんでしょうか？）

---

reason「理由」

●関連表現 Related Expressions このシーンに関連した英語を覚えよう

① 自社を知った経緯や、自社との過去の取引経験などをたずねましょう

- How did you find out about our company?
  (どのようにして弊社をご存じになりましたか?)

- Who told you about our company?
  (どなたから弊社のことをお聞きになりましたか?)

- Have you ever visited our company before?
  (弊社にいらしたことはありますか?)

② アポを取りたい相手や部署をしっかり確認しましょう

- With whom would you like to make an appointment?
  (だれとアポをお取りになりたいのですか?)

- Do you know which department* you would like to meet with?
  (アポを取りたいのはどの部署の者でしょうか?)

- Which department would you like to meet with?
  (どの部署の者とお会いになりたいのですか?)

---

department「部署」

相手が会いたい人物の名前を言わない場合は、こちらからたずねましょう。会いたい特定の人物がいない場合には、どの部署の人と会いたいのかをたずねます。

③ 相手がどんなものや情報を持参するつもりかもたずねておくといいでしょう

- Will you be bringing product samples* to the meeting?
  (御社の商品見本をミーティングに持っていらっしゃるんですか?)

- Will you give a demonstration* of your products at the meeting?
  (ミーティングで御社の商品の実演をしていただくのですか?)

---

product sample「商品サンプル」　demonstration「実演」

Unit 8 「ミーティングの要望を伝える」
Requesting a Meeting

● 重要表現 Key Expressions

📊 Would it be possible to schedule a meeting sometime this week?
（今週のどこかに打ち合わせの予定を決めていただけますか？）

👉 ここがポイント
ここではすでに取引のある相手とのミーティングの予約を取るときの表現をチェックしていきます。schedule は「予定を決める；スケジューリングする」という意味の動詞です。

● 会話例 Dialogue

A Hello. Carol Andersen speaking.
（もしもし。キャロル・アンダーソンです）

B Hi, Carol. This is Andy.
（キャロルさん、こんにちは。アンディです）

A Hello, Andy. Did you get my e-mail about the presentation?
（こんにちは、アンディさん。プレゼンテーションについてのメールは届いていますか？）

B Yes, but I have a lot of questions about the presentation. **Would it be possible to schedule* a meeting sometime this week?***
（はい、でもプレゼンに関していろいろ質問したいことがあります。今週のどこかにミーティングの予定を決めていただけますか？）

✎ schedule「予定を決める；スケジュールに入れる」 sometime this week「今週どこかで」

● 類似表現 Similar Expressions 重要表現の類似表現をいっしょに覚えよう

- 📊 Would you be free for a meeting anytime soon?*
  （近いうちにミーティングのお時間はありますか？）

- 📊 Would you be able to make time for a meeting as soon as possible?*
  （できるだけ早くミーティングのお時間を作っていただけますか？）

- 📊 Would you be free for a meeting later this week?
  （今週の後半にミーティングできますか？）

✎ anytime soon「近いうちに」 as soon as possible「できるだけ早く」

🖋 こうした依頼の文では would を使うとていねいな響きになります。

●関連表現 Related Expressions このシーンに関連した英語を覚えよう

(1) アポ取りの際のもう少しシンプルな表現も覚えましょう

- Would you be free for* a meeting?
  (ミーティングのお時間はありますか？)
- Could you make time* for a meeting?
  (ミーティングにお時間を割いていただけますか？)
- Would you have time for a meeting?
  (ミーティングのお時間はありますか？)

be free for ...「…の時間がある」　make time「時間を作る；割く」

(2) アポを取りたい理由も必ず伝えます

- There is a lot I would like to ask you about the presentation.
  (プレゼンテーションについていろいろお聞きしたいことがあります)
- I'd like to discuss* the presentation with you.
  (プレゼンテーションの件でご相談したいのですが)

discuss「相談する」

(3) ミーティングの要望と意図を一括した表現

- Would you be able to meet me to explain your plans?
  (お会いして企画を説明していただくことはできますか？)
- Could you make time to meet me and discuss the presentation?
  (お会いしてプレゼンテーションの件でご相談いただくお時間はありますか？)
- Could I ask you to meet me and go over* my report?
  (お会いして私のリポートをチェックしていただけますか？)

go over ...「…を詳しくチェックする」

meet me and ...「会って…する」や meet me to ...「…するために会う」のように言えば、上手に複数の事柄を伝えられます。

「ミーティングを承諾する」
Agreeing to a Meeting

●重要表現 Key Expressions

I would be happy to meet you to discuss it.
（ご相談のために、よろこんでお会いします）

ここがポイント
ミーティングの設定に同意するときは、I would be happy to meet you to ...「…するためによろこんでお会いします」といった表現がいいでしょう。自分の熱意を相手に伝えることができます。

●会話例 Dialogue

A Joan, I'd like to talk to you about the yearly* report I am working on.
（ジョーンさん、準備中の年次レポートについて相談したいのですが）

B Sure. Shall we* schedule* a meeting?
（はい、ミーティングの予定を決めましょうか？）

A If possible,* I'd like to do that.
（できたら、そうお願いします）

B Sure, I would be happy to meet you to discuss it.
（もちろん、ご相談のためによろこんでお会いしますよ）

> yearly「年度ごとの」　shall we ...?「…しましょうか？」　schedule「予定を決める」
> if possible「可能なら」

●類似表現 Similar Expressions　重要表現の類似表現をいっしょに覚えよう

- I am more than happy to* meet with you.
  （よろこんでお会いします）
- I would be happy to meet with you.
  （よろこんでお会いします）
- Sure, let's meet and discuss it.
  （はい、会って相談しましょう）

> be more than happy to ...「よろこんで…する」

● 関連表現 Related Expressions このシーンに関連した英語を覚えよう

① ミーティングの要望を受けるときには、時間の表現を組み込んでもいいでしょう

- Let's meet as soon as we can to discuss it.
  （できるだけ早く会って、相談しましょう）
- Let's meet when we both* have time.
  （お互い時間があるときに会いましょう）
- I'm busy this week, but I could meet you to discuss it next week.
  （今週は忙しいのですが、来週ならお会いして相談することできます）

both「両方」

緊急の用件であれば、Let's meet soon.「すぐお会いしましょう」や Let's meet as soon as we can.「なるべく早くお会いしましょう」などの表現も役立ちます。

② ミーティングを提案するときの表現です

- Shall we set up a meeting?*
  （ミーティングを設定しましょうか？）
- Shall we have a meeting about it?
  （この件について、ミーティングしましょうか？）

set up a meeting「ミーティングを設定する」

③ ミーティングを快諾したり、会うのが楽しみだと伝える言い方も覚えておきましょう

- It is no problem at all to set up a meeting.
  （ミーティングを設定するのは全然問題ありません）
- It would be no problem to meet with you.
  （お会いするのは問題ないですよ）
- I look forward to* meeting with you.
  （お会いするのを楽しみにしています）

look forward to ...「…を楽しみにする」

「ミーティングの時間と場所の決定」
Deciding the Time & Place for a Meeting

●重要表現 Key Expressions

📶 I would be able to meet you at my office on Monday at 2.
（月曜日の2時からなら、私のオフィスでミーティングできます）

 ここがポイント
ミーティングの時間や場所について話す際、相手の予定がまだわからない場合には、自分の方から I would be able to ...（私のほうでは…できますが）といった言い方で日時を提案しましょう。

●会話例 Dialogue

Ⓐ So, would you be able to make time for a meeting this week?
（今週、ミーティングのお時間はありますか？）

Ⓑ I'm afraid I'm busy until* the end of the week.
（残念ながら週末まで忙しいんです）

Ⓐ How about next week?
（来週はどうですか？）

Ⓑ Sure. **I would be able to* meet you at my office on Monday at 2.** How does that suit* you?
（いいですよ。月曜日の2時からなら、私のオフィスでミーティングできます。いかがでしょうか？）

Ⓐ Yes, 2 o'clock on Monday is fine. I will see you then.
（はい、月曜日の2時からなら大丈夫です。そのときお会いしましょう）

---

until ...「…までずっと」　be able to ...「できる」　suit「（都合などが）合う」

●類似表現 Similar Expressions　重要表現の類似表現をいっしょに覚えよう

📶 I would be available on Friday any time after* 10 am.
（金曜日の朝10時以降なら何時でも空いています）

📶 I would be able to meet you on Wednesday if you are free then.
（もしあなたが水曜日空いているなら、お会いできます）

📶 I'd be able to make time on Tuesday any time before* 4 pm.
（火曜日の4時以前ならいつでも時間があります）

---

any time after ...「…時以降なら何時でも」　any time before ...「…時以前なら何時でも」

●関連表現 Related Expressions このシーンに関連した英語を覚えよう

① やや漠然とした時間帯を提案する言い回しです

- I would be able to meet you Friday after 2.
  (金曜日の2時以降ならミーティングできます)
- I would be available* tomorrow morning.
  (明日の午前中なら空いています)
- I could make time* this afternoon.
  (今日の午後なら時間があります)

> available「(時間などが) 空いている；使える」 make time「時間をつくる」

② 相手の希望する時間に会えないときの返事の仕方です

- I'm terribly sorry, but I'm busy until the end of the week.
  (残念ながら、週末まで忙しいんです)
- I'm afraid I couldn't make time this week.
  (恐れ入りますが今週は時間がありません)
- I'm sorry, but I'm booked up* this week.
  (すみませんが、今週は予定が詰まっているんです)

> be booked up「予約がいっぱいになっている；予定が詰まっている」

③ 自分に都合のいい時間を伝えたら、相手の都合を確認しましょう

- Would that be convenient* for you?
  (その時間／日にちはあなたのご都合に合いますか？)
- Would that be OK for you?
  (その時間／日にちは大丈夫でしょうか？)

> convenient「都合がいい」

> Unit 6 の ③ の表現も参考にしましょう。

 # 「オフィスへの道順を伝える」
Giving Direction to the Office

●重要表現 Key Expressions

I'll tell you how to get to our office.
(弊社のオフィスまでの道順をお教えします)

 ここがポイント

重要表現は、道順を教えるときの切り出しフレーズです。道順を教えるときには、段階を分けてひとつひとつ説明するようにしましょう。前もって駅から自分の会社までの道順を英語で言えるように準備しておくといいでしょう。

●会話例 Dialogue

A I'll tell you how to get to our office.
(弊社のオフィスまでの道順をお教えします)

B Yes, go ahead.*
(はい、どうぞ)

A When you come out of the station, cross* the street and turn* right.
(駅を出たら、道路を渡って右へ曲がってください)

B Yes. I see.
(はい、わかりました)

A You will see the Cross Tower building on the left side. Our office is on the 12th floor.
(左側にクロス・タワーというビルが見えます。弊社のオフィスは 12 階にあります)

---
go ahead 「さあどうぞ、お話しください」　cross 「渡る；横断する」　turn 「曲がる」

●類似表現 Similar Expressions　重要表現の類似表現をいっしょに覚えよう

- I'll give you directions to* my office.
  (弊社のオフィスへの道順をお教えします)

- I'll explain how to get to my office.
  (弊社のオフィスへの道順を説明します)

- I'll tell you how to get here.
  (ここに来る道順を説明します)

---
give directions to ... 「…への道順を伝える」

●関連表現 Related Expressions このシーンに関連した英語を覚えよう

① 相手の交通手段に応じた道順を教えましょう

- Turn right after you leave* the train station and walk for five minutes.
  （駅を出たら右へ曲がって、5分歩いてください）

- It is best to get in a taxi at the station and give our address to the driver.
  （駅でタクシーに乗り、住所を運転手に渡すのがいちばんです）

- Call me when you get to the station and I will come to meet you.
  （駅に着いたら電話してください。迎えに行きます）

leave「出る；出発する」

② 具体的な道順や建物の外観を教える表現です

- You'll see our office building across the street.
  （通りの反対側に弊社のオフィスビルが見えます）

- Walk down the road until you see a 4-story* red brick* building.
  （4階の赤レンガのビルが見えるまで通りをまっすぐ歩いてきてください）

- You'll see a tall glass building on the left.
  （左側に高いガラス張りのビルが見えます）

story「（建物の）階」 brick「レンガ」

③ 建物内のどこにオフィスがあるのかも忘れずに伝えましょう

- Our office is on the ground floor.*
  （弊社のオフィスは1階にあります）

- Our office is at the end of the hall.
  （弊社のオフィスは廊下の突きあたりです）

ground floor「1階（イギリス英語）」

イギリス英語で first floor は「2階」になります。アメリカ英語では「1階」が first floor です。

Unit 12 「ミーティングの場所をたずねる」
Asking about the Meeting Place

●重要表現 Key Expressions

Where should I go for the meeting?
（ミーティングはどちらに行けばいいでしょうか？）

ここがポイント
ミーティングの場所が、オフィスのどこで行われるのかを確認するには、"Where should I go?「どちらに行けばいいでしょうか？」" のようにたずねて説明してもらいましょう。

●会話例 Dialogue

A Hello?
（もしもし）

B Hello, Carol. This is Bill from the IT department.
（もしもしキャロルさん。IT 部のビルです）

A Hello, Bill. How are you?
（こんにちは、ビル。元気ですか？）

B I'm fine. I am calling about our appointment for 3 pm today. **Where should I go for the meeting?**
（元気です。今日の3時からのアポの件で電話しています。ミーティングはどこに行けばいいでしょうか？）

A I booked* a meeting room on the 16th floor. It is room 1602. Could you come directly* to the meeting room?
（16階の会議室を予約しました。1602号室です。直接会議室に来てもらえますか？）

B Sure. I'll see you there.
（はい。それでは、会議室で会いましょう）

book「予約する」 directly「直接」

●類似表現 Similar Expressions 重要表現の類似表現をいっしょに覚えよう

Where shall we meet?
（どちらでお会いしましょうか？）

Where do I have to go?
（どちらに行けばいいでしょうか？）

Where do I need to go?
（どこに行けばいいでしょうか？）

●関連表現 Related Expressions このシーンに関連した英語を覚えよう

(1) 相手のオフィスへの道順がわからないときに使えるフレーズです

- How do I get to* your office?
  (そちらのオフィスへの道を教えていただけますか？)
- Could you give me directions* to your office, please?
  (そちらのオフィスへの道を教えていただけますか？)
- Where's your company located?*
  (御社の場所はどちらでしょうか？)

> get to ... 「…に着く」 give directions 「道を教える」 be located 「位置している」

> 最後の表現はカジュアルな響きの言い回しです。ほかにも、Unit 11 の表現も参考にしましょう。

(2) 教えてもらった道順を理解したことを伝えましょう

- I'm sure I can find it.
  (そちらの場所はわかると思います)
- I think I will be able to find it.
  (見つけられると思います)
- I believe I know where to go* now.
  (場所はわかったと思います)

> where to go 「行くべき場所」

> よくわからない場合は、Could you go over that again, please?「もう一度説明していただけますか？」とお願いします。

(3) ミーティングの場所を確認したあと、会話を締め括る表現です

- I look forward to it.
  (ミーティングを楽しみにしています)
- I look forward to seeing you at the meeting.
  (ミーティングでお会いするのを楽しみにしています)

Unit 13 「ミーティングの場所を説明する」
Explaining the Meeting Place

●重要表現 Key Expressions

Please come up to the 12th floor and give your name at reception.
(12階まで来て、受付でお名前をお伝えください)

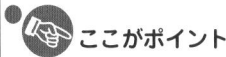

ここがポイント
はじめて自分のオフィスに来る人にミーティングの場所を説明するときには、順を追ってわかりやすく伝えましょう。

●会話例 Dialogue

A Where should I come for the meeting?
(ミーティングはどこに行けばいいでしょうか？)

B When you come into our office building, you will see elevators on the right side of the lobby.
(弊社のオフィスビルに入ったら、ロビーの右側にエレベーターが見えます)

A I see.
(わかりました)

B **Come up to the 12th floor and give your name at reception.*** The receptionist* will call me.
(12階まで来て、受付でお名前をお伝えください。受付の者が私を呼び出します)

A I understand. I'm sure I can find it.
(わかりました。場所はわかると思います)

---
reception「受付」 receptionist「受付係」

●類似表現 Similar Expressions　重要表現の類似表現をいっしょに覚えよう

- Take the stairs* to the 2nd floor.
  (階段で2階まで来てください)
- Get off the elevator on the 5th floor, and our office is on the right.*
  (5階でエレベーターを降りてください、弊社のオフィスは右側です)
- You'll just need to give your name to the receptionist.
  (受付の者にお名前をお伝えいただくだけでかまいません)

---
take the stairs「階段を使う」 on the right「右側に」

● 関連表現 Related Expressions このシーンに関連した英語を覚えよう

① ビルに入館する際の注意事項を伝えましょう

- First you'll need to get a building pass* from the reception desk in the lobby.
（まずはロビーの受付で入館証のパスをもらう必要があります）

- Use the pass to come through the security gates* to the elevators.
（パスを使ってセキューリティーゲートを通るとエレベーターがあります）

- Remember to return the pass to reception when you leave.
（帰るときに、パスを受付に戻してください）

building pass「入館証」 security gate「警備改札」

② ミーティングに使用する部屋を伝える表現です

- I've booked* a meeting room on the 16th floor.
（16階の会議室を予約しました）

- We can meet at my office.
（私のオフィスでミーティングできます）

- We can use the conference room.*
（会議室を使用できます）

book「予約する」 conference room「会議室」

この場合、book「予約する」は reserve でも同様の意味になります。I reserved a meeting room. と言っても OK です。

③ 相手が自分の説明を理解したかどうか確認する言い回しです

- Do you think you will be able to find it?
（場所はわかりそうですか？）

- Don't hesitate to* call me if you can't locate* our office.
（場所がわからなかったら、遠慮なく電話してください）

Don't hesitate to ...「遠慮なく…してください」 locate「（場所を）突き止める」

上記の質問のほか、Did you get that?「わかりましたか？」などの表現も使えます。不安なら Shall I go over that again?「もう一度言いましょうか？」と言ってもいいでしょう。

Unit 14 「自社情報を伝える」

Giving your Contact Details

● 重要表現 Key Expressions

> **You can get all the information about us you need on our website at www.alphapluscafe.com.**
> (弊社のホームページ、www.alphapluscafe.com ですべての情報が見られます)

ここがポイント

連絡先を伝えるときは、はっきりと話すことが大切です。正確に伝わらなければ相手はあなたと連絡を取ることができません。わかりやすい発音を心がけてください。

● 会話例 Dialogue

A Can you send me your corporate address and a map if you have one?
(会社の住所と、あれば地図も送ってもらえますか？)

B You can get all the information about us you need on our website at www.alphapluscafe.com, a-l-p-h-a-p-l-u-s-c-a-f-e dot com.
(弊社のホームページ、www.alphapluscafe.com ですべての情報が見られます)

A Just let me check that. www.alphapluscafe.com, right?
(確認します。www.alphapluscafe.com ですね)

B That's right. If you click "corporate information"* on the left side, you will see a map and our address and phone number.
(はい、そうです。左側の「会社情報」をクリックすると地図、住所、電話番号が見られます)

A Thank you. That should be all I need.
(ありがとうございます。それで大丈夫です)

---

corporate information「会社情報」

● 類似表現 Similar Expressions　重要表現の類似表現をいっしょに覚えよう

- You can e-mail me at K, underscore,* Nagao, at, alphapluscafe dot com.
  (私のメールアドレス K_Nagao@alphapluscafe.com にメールいただけます)

- Our phone number is zero-three, five-five-five, one-two, four-nine.
  (弊社の電話番号は 03-555-1249 です)

- Our address is one hyphen two hyphen one, Shibujuku.
  (弊社の住所は渋宿１－２－１です)

---

underscore「アンダーバー」

● 関連表現 Related Expressions このシーンに関連した英語を覚えよう

(1) 電話番号などを書き取る準備をしてもらうフレーズです

- I'll give you my phone number. Are you ready?
  （電話番号を申し上げます。準備はいいですか？）

- Please take down* my e-mail address.
  （私のメールアドレスのメモをお取りください）

- Let me give you my fax number, OK?
  （ファックス番号を申し上げますがよろしいですか？）

take down「書き留める；書き取る」

(2) メールアドレスを教えるときのバリエーションです

- Let me give you* my e-mail address.
  （メールアドレスをお教えます）

- Please e-mail me at kaz@alphapluscafe.com.
  （kaz@alphapluscafe.com のアドレスに連絡してください）

Let me give you ...「…をお教えします」

アドレスの前には at をつけて言いましょう。

(3) 電話番号などを相手が書き取れたかどうか確認しましょう

- Did you get that?
  （わかりましたか？）

- Could you read that so I make sure you got it?
  （確認したいので繰り返してもらえますか？）

- Would you like me to repeat* that?
  （もう一度繰り返しましょうか？）

repeat「繰り返す；もう一度言う」

Unit 15 「会社の資料を送ってもらう」
Asking for Company Information

●重要表現 Key Expressions

Would it be possible for you to send me a copy of your corporate brochure?
(御社のパンフレットを送っていただけますか？)

ここがポイント
相手の会社資料を送ってもらいたいときは、Could you please send me ...?「…を送っていただけますか？」のようなていねいな表現で依頼したあと、それをどのように送ってほしいかを具体的に伝えます。

●会話例 Dialogue

A I would like to place* an ad in your magazine. **Would it be possible for you to send me a copy of your corporate brochure?***
(御社の雑誌に広告を出したいのですが、御社のパンフレットを送っていただけますか？)

B I would be happy to. I can send a paper copy by post, or I can e-mail you a PDF.
(かしこまりました。郵便で冊子をお送りするか、Eメールで PDF をお送りすることできますが)

A I would like to place the ad as soon as possible, so can you send it by e-mail?
(できるだけ早く広告を出したいので、メールでお願いできますか？)

B Of course. I can send it out immediately.* (はい。すぐ送ります)

A Thank you. I appreciate* it. (ありがとうございました。感謝します)

---

place「(広告などを) 出す」　corporate brochure「会社案内」　immediately「すぐに」　appreciate「感謝する」

●類似表現 Similar Expressions　重要表現の類似表現をいっしょに覚えよう

- Would it be possible for you to send the information?*
  (資料を送っていただくことはできますか？)
- Could I ask you to send me your corporate brochures?
  (会社のパンフレットを送っていただけますでしょうか？)
- Can you send me your corporate brochure?
  (会社のパンフレットを送ってもらえますか？)

---

information「情報；資料」

● **関連表現** Related Expressions このシーンに関連した英語を覚えよう

(1) 資料をどのように送ってほしいかを伝える表現です

- Would you please send me the information when it is ready?
  （資料の準備が整い次第、送っていただけますか？）
- Could I ask you to send it by post* as soon as it is convenient for you?
  （あなたの手が空き次第、郵便で送っていただけますか？）
- Could you send me an e-mail with the information?
  （資料をメールで送っていただけますか？）

by post「郵便で」

(2) 資料を至急送ってもらいたいときに使える表現です

- Could you send it by e-mail right away?*
  （いますぐメールで送っていただけますか？）
- Please send it by fax by the end of the day.*
  （今日のうちにファックスで送ってください）

right away「いますぐ」　by the end of the day「今日のうちに」

非常にていねいに依頼しなければいけないような場合には、right away「いますぐに」などの表現は使わないようにしましょう。

(3) 依頼したあとには、最後にお礼の言葉を添えましょう

- I appreciate your assistance* and look forward to hearing from you.
  （お手伝いいただいて感謝します。ご連絡お待ちしています）
- I look forward to getting the information.
  （情報をお待ちしています）
- Thanks. I'll wait for your mail.
  （ありがとう。メールをお待ちしてます）

assistance「手伝い；協力」

Unit 16 「会社の資料を送る」
Arranging to Send Company Information

● 重要表現 Key Expressions

Could I just have your e-mail address?
（メールアドレスを教えていただけますか？）

ここがポイント
会社資料などを依頼してきた相手には、まず希望の送付方法を聞きましょう。そのあと、希望の送付法に合わせてメールアドレスや、ファックス番号などのコンタクト情報をたずねましょう。

● 会話例 Dialogue

A How would you prefer* I send the information?
（資料はどのようにお送りすればいいでしょうか？）

B Can you send it as a PDF file by e-mail?
（PDF ファイルにして、E メールで送ってもらえますか？）

A Of course. Could I just have* your e-mail address?
（もちろんです。メールアドレスを教えていただけますか？）

B Yes, it is kaz at alphapluscafe dot com, kaz at a-l-p-h-a-p-l-u-s-c-a-f-e dot com.
（はい、kaz@alphapluscafe.com です）

A Kaz at alphapluscafe dot com. OK, I got it.*
（kaz@alphapluscafe.com ですね。了解しました）

How would you prefer ...?「どのように…するのがいいでしょうか？」
Could I just have ...?「…を教えていただけますか？」　I got it.「わかりました」

● 類似表現 Similar Expressions　重要表現の類似表現をいっしょに覚えよう

Would you tell me your e-mail address?
（メールアドレスを教えてもらえますか？）

What is your e-mail address, please?
（メールアドレスはなんでしょうか？）

Please let me know* your fax number.
（ファックス番号を教えてください）

---

let me know ...「…を知らせてください」

● 関連表現 Related Expressions このシーンに関連した英語を覚えよう

① まずどのように連絡を取るべきかを確認しましょう

- How can I reach* you?
  （どうやって連絡を取ればいいでしょうか？）
- Would you prefer* me to contact you by e-mail or fax?
  （ファックスとメールはどちらのほうがいいでしょうか？）
- Shall I send the information by fax or by e-mail?
  （情報の送信は、ファックスとメールはどちらのほうがいいでしょうか？）

reach「連絡を取る」　prefer ...「…のほうを好む」

② メールアドレスやファックス番号などを確認するときのバリエーションです

- Please spell out* your e-mail address.
  （メールアドレスのスペルを教えてください）
- Are your fax number and telephone number the same?
  （ファックス番号と電話番号は同じですか？）

spell out「スペルを言う」

spell は名詞で使わず、上記のように動詞で表現するように心がけましょう。名詞の spell は「呪文；おまじない」という意味になってしまいます。

③ 相手の連絡先を書き留めたら、それが正確かどうか確認します

- Let me confirm* that I have your fax number right.
  （ファックス番号を確認させてください）
- Could you repeat* your fax number, please?
  （ファックス番号を繰り返していただけますか）
- Let me make sure that I have your e-mail address right.*
  （メールアドレスを確認させてください）

confirm「確認する」　repeat「繰り返す」
have your e-mail address right「正しくメールアドレスを書き取れている」

Unit 17 「アポイントの変更を頼む」

Asking to Change an Appointment

●重要表現 Key Expressions

📶 If it isn't too much trouble, could we reschedule our appointment?

（もしご面倒でなければ、アポの予定を変更できないでしょうか？）

👉 ここがポイント

すでに予定の決まったアポを変更しなければならないときは、なるべく早く、またていねいな表現で変更の依頼をしましょう。お詫びの言葉をつけ加えることも重要です。

●会話例 Dialogue

A Nora, this is Alan of ABC Publishing. I'm calling about our meeting on Wednesday.
（ノラさん、ABC パブリッシングのアランです。水曜日のアポについてお電話しているのですが）

B Sure. What is it? （はい。なんでしょうか？）

A **If it is not too much trouble,* could we reschedule* our appointment? I will be on a business trip on Wednesday.**
（もしご面倒でなければ、アポの予定を変更できないでしょうか？ 水曜日は出張になるんです）

B Sure, that is no problem. What time would you like to meet?
（大丈夫ですよ。いつお会いしましょうか？）

A Would it be possible to move* the meeting to Friday at 2 pm?
（できれば、金曜日の2時にミーティングを変更してもよろしいでしょうか？）

✏️ trouble「面倒；手間」 reschedule「予定を組み直す」 move「移動する」

●類似表現 Similar Expressions　重要表現の類似表現をいっしょに覚えよう

📶 I'm sorry, but would it be possible to reschedule our meeting?
（ミーティングのスケジュールを変更するのは可能でしょうか？）

📶 I'm very sorry to have to ask this, but I need to reschedule.
（こんなことをお願いしてほんとうに申し訳ないのですが、予定を変更しなければならなくなってしまいました）

📶 Unfortunately,* I have to reschedule with you.
（残念ながら、お約束していた予定を変更しなければならないんです）

✏️ unfortunately「残念ながら」

●関連表現 Related Expressions このシーンに関連した英語を覚えよう

(1) 打ち合わせの件で話がある旨を伝えましょう。もとの日程もいっしょに伝えます

- Would it be alright to* speak to you about our meeting next week?
 (来週のミーティングについて話してもいいでしょうか？)

- I'm calling about our appointment on Friday.
 (金曜日のアポの件で電話しました)

- It's about the meeting this afternoon.
 (今日の午後のミーティングの件ですが)

Would it be alright to ...?「…してもよろしいですか？」

(2) アポの変更を依頼する理由もかんたんに説明します

- Unfortunately, something rather urgent has come up for me.
 (あいにくですが、緊急な用件ができまして)

- It turns out* that I have to go out of town tomorrow.
 (明日から出張に行くことになったんです)

turn out ...「…することになる」

I'm sorry, but I'm double booked that day.「すみませんが、その日ダブルブッキングしてしまいまして」のような言い方もありますが、ややくだけた響きになります。

(3) 新たなアポの予定を提案する表現です

- Would it be possible for us to change the meeting to Friday at 10 am?
 (ミーティングを金曜日の朝10時に変更することはできますでしょうか？)

- Would Friday at the same time* be OK with you?
 (金曜日の同じ時間に変更してもよろしいですか？)

- Are you also free on Thursday afternoon?
 (木曜日の午後も空いていますか？)

at the same time「同じ時間に」

表現のていねい度に注意してください。相手が重要な人物の場合は Would it be possible for us to ...?「…することはできますでしょうか？」のように礼儀正しく依頼します。

Unit 18 「アポイントに遅れる場合」
Informing You Will Be Late for an Appointment

●重要表現 Key Expressions

I'm terribly sorry, but it looks like I'll be 15 minutes late.
(ほんとうに申し訳ないのですが、15分遅れそうです)

ここがポイント
アポに遅れるときは、まずひとことお詫びを入れてから、どのぐらい遅れそうか伝えましょう。お詫びの言葉も相手との関係に応じて適切なていねい度になる表現を心がけましょう。

●会話例 Dialogue

A Hello, this is Felicia Ball. We have a meeting scheduled for today at 3 o'clock.
(もしもしフェリシア・バルです。今日の3時にミーティングのお約束をしています)

B Yes, I am looking forward to seeing you.
(はい、お待ちしております)

A **I'm terribly sorry, but it looks like I'll be 15 minutes late.** I got stuck in traffic.*
(ほんとうに申し訳ないのですが、15分遅れそうです。渋滞で動けなくなってしまいまして)

B That is no problem, Felicia. I don't have anything just after our meeting.
(大丈夫ですよ、フェリシアさん。ミーティングの直後はなにも予定が入っていませんから)

A That's good. I will call you again if I am going to be more than 15 minutes late.
(よかったです。もし15分以上に遅れそうなら、またお電話します)

get stuck in traffic「渋滞で動けなくなる」

●類似表現 Similar Expressions 重要表現の類似表現をいっしょに覚えよう

- I am terribly sorry, but I won't be able to make it* on time.*
  (ほんとうに申し訳ありませんが、間に合いそうにありません)
- I'm afraid* I will be late. (恐れ入りますが遅れそうです)
- I'm sorry, but it looks like I won't be there on time.
  (すみませんが、間に合いそうにありません)

make it「間に合う」　on time「予定どおりに」　I'm afraid ...「恐れ入りますが…」

● 関連表現 Related Expressions このシーンに関連した英語を覚えよう

① 遅れる場合はその理由も簡潔に説明します

- I'm stuck in a traffic jam.
  (渋滞で動けなくなってしまいました)
- I've lost my way.*
  (道に迷ってしまいました)
- My train was delayed.*
  (電車が遅れてしまいました)

---

lose one's way「道に迷う」　be delayed「遅れる；遅延する」

---

② 遅れている相手を安心させてあげたいときは、次のフレーズが使えます

- I understand. It is not a problem.
  (わかりました。全然問題ありませんよ)
- There is no need to rush* at all.
  (急がなくてもいいですよ)
- We'll see you in a bit then.
  (それではちょっとしたらお会いしましょう)

---

rush「急ぐ」

---

③ さらに遅れそうな場合にはどうするのかを伝えるのも忘れずに

- I'll call again if I will be any later.
  (もっと遅れる場合は、また電話します)
- If I cannot locate* your office, would it be alright if I called you again?
  (御社の場所がわからなかったら、また電話してもよろしいでしょうか？)
- I will get there as soon as I can.
  (できるだけ早く着くようにします)

---

locate「(場所を) 見つける」

Unit 19 「来客へのあいさつ」

Greeting Visitors

●重要表現 Key Expressions

🔊 Good morning, Mr. Nash, and thank you for coming.
（おはようございます、ナッシュさん。お越しいただきありがとうございます）

👉 ここがポイント
来客に訪問を感謝するときの決まり文句です。この表現パターンをそのまま丸暗記してしまうといいでしょう。

●会話例 Dialogue

A Hello, I'm Scott Nash. I have an appointment.
（おはようございます。スコット・ナッシュです。アポがあるのですが）

B Good morning, Mr. Nash, and thank you for coming.*
（おはようございます、ナッシュさん、お越しいただきありがとうございます）

A Nice to meet you.
（はじめまして）

B It's nice to meet you as well.* Did you find our office easily?
（こちらこそ、はじめまして。場所はすぐわかりましたか？）

A Yes, it was very easy to find.
（はい、すぐわかりました）

📝 Thank you for -ing ...「…してくれてありがとう」　as well「…もまた」

●類似表現 Similar Expressions　重要表現の類似表現をいっしょに覚えよう

🔊 Thank you for coming all the way to* our office.
（わざわざ弊社にお越しいただきありがとうございます）

🔊 Thank you for making time* to visit us.
（お時間を割いてお越しいただきありがとうございます）

🔊 Welcome to* our office.
（弊社にようこそ）

📝 all the way to ...「…まではるばる」　make time「時間を割く」
Welcome to ...「…にようこそ」

●関連表現 Related Expressions このシーンに関連した英語を覚えよう

① 会社を訪ねてきてくれた人を迎えるあいさつです

- We are very pleased to have you here.
  (お越しいただき大変うれしく思います)
- We're glad you could come.
  (お越しいただきうれしいです)
- We've been really excited about* your visit.
  (お越しいただくのを、みな楽しみにしていました)

be excited about ... 「…にわくわくする」

② 到着したばかりの相手には、そこまでの道のりについてたずねるが一般的です

- Did you have any problems finding our office?
  (こちらにお越しいただくのになにも問題ありませんでしたか？)
- I certainly hope* you didn't have any problems finding us.
  (こちらの場所は見つけにくくありませんでしたでしょうか)
- Thank you for coming on such a rainy day.
  (雨の中をお越しいただいて、ありがとうございます)

I certainly hope ... 「…を強く望む」

2番目の表現は、直訳すると「あなたが弊社を見つけるのに苦労しなかったことを強く望んでいます」となります。

③ あとに控えている会議やプレゼンについて触れるのもいいでしょう

- We've all been looking forward to your presentation.
  (弊社はみなあなたのプレゼンテーションを楽しみにしていました)
- Now that* you are here, I can't wait to talk to you.
  (来てくれたのですから、さっそくお話ししましょう)

now that ... 「…だから；…したからには」

Unit 20 「外国から来た人へのあいさつ」
Greeting Visitors from Abroad

●重要表現 Key Expressions

> **Welcome to Japan.**
> （日本へようこそ）

> **ここがポイント**
> 外国から来た人を出迎えるときには、本題のビジネスの話に入る前に、まず日本までの移動や滞在についてたずねるのがいいでしょう。

●会話例 Dialogue

A Excuse me, but are you David Jensen?
（すみませんが、デイヴィッド・ジェンセンさんですか？）

B Yes, that is me.
（はい、そうです）

A Hello, I am Akiko Kitamura of ABC Technologies. **Welcome to Japan.**
（ABCテクノロジーズのキタムラ・アキコです。日本へようこそ）

B Thank you.
（ありがとうございます）

A I heard this is your first visit to Japan. Have you been enjoying your stay so far?*
（日本ははじめてとお聞きました。滞在を楽しんでいらっしゃいますか？）

so far 「これまでのところ」

●類似表現 Similar Expressions　重要表現の類似表現をいっしょに覚えよう

- I am glad you got to Japan safely.
  （日本に無事に到着されてよかったです）

- I'm happy you could finally* make it to Japan.
  （ついに日本に来ていただけてうれしいです）

- Welcome back* to Japan.
  （再訪日を歓迎します）

finally 「とうとう；ついに」　Welcome back to ... 「…によようこそ戻られました」

3番目の表現は、2回目以上の来日の場合に使えます。

●関連表現 Related Expressions このシーンに関連した英語を覚えよう

① はじめての来日かどうかたずねる表現も覚えましょう

- Is this your first visit to Japan?
  (日本にいらっしゃるのははじめてですか？)
- Have you ever been to Japan before?
  (日本は前にいらしたことがありますか？)
- How many times* have you been to Japan?
  (日本には何回いらしたことがありますか？)

How many times ...?「何回…？」

② 日本での滞在について、どんなことをしたかなどをたずねましょう

- What have you done in Japan so far?
  (これまでのところ日本ではなにをなさいましたか？)
- Where have you been in Japan?
  (日本ではどこにいらっしゃいましたか？)

③ 日本でやりたいことや、滞在中の予定についてたずねる表現もあります

- What would you like to do while* you are in Japan?
  (日本にいる間になにをしたいですか？)
- Is there any place you would like to go in Japan?
  (日本で行きたいところはありますか？)
- What are your plans for the rest* of your stay?
  (残りの滞在の間どんな予定がありますか？)

while ...「…の間」　rest「残り」

Unit 21 「来客にスケジュールを伝える」
Explaining a Schedule to Visitors

●重要表現 Key Expressions

Let me go over the schedule for today.
(今日のスケジュールについて確認させてください)

ここがポイント
プレゼンテーションや会議のために社内で長い時間を過ごしてもらう訪問客には、当日のスケジュールを改めて説明しておきましょう。すでにスケジュールを先方が理解している場合にも、念のため確認を取っておきましょう。

●会話例 Dialogue

A Let me go over* the schedule for today.
(今日のスケジュールについて確認させてください)

B OK.
(いいですよ)

A You have about 30 minutes to set up.* Then you will have 45 minutes for your presentation.
(準備に約30分お時間があります。そのあとプレゼンが45分となります)

B So I need to finish by 2:45?
(では2時45分までに終えなければならないんですね？)

A It is OK if you go a bit over.* Then we will have a short break* and then a 30-minute open discussion.*
(少しくらい延びても大丈夫ですよ。そのあとに少し休憩時間を入れてから、30分の公開討論をします)

---

go over「見直す；調べる」　set up「準備する」　go a bit over「少し超過する」
break「休憩」　open discussion「公開討論」

●類似表現 Similar Expressions　重要表現の類似表現をいっしょに覚えよう

- Do you have any questions about the schedule?
  (スケジュールについてなにか質問がありますか？)

- Let's review* the timetable.
  (スケジュールを確認しましょう)

- It's important that we stick to* the schedule today.
  (今日はスケジュールどおりに進むのが大切です)

---

review「見直す」　stick to ...「…を堅持する」

● 関連表現 Related Expressions このシーンに関連した英語を覚えよう

(1) プレゼンやスピーチなどにどのくらいの時間を費やせるか伝えておきましょう

- You have 60 minutes for your presentation.
  （プレゼンには60分時間を取れます）
- Unfortunately, we only have about 10 minutes to prepare.*
  （残念ながら、10分くらいで準備しなければなりません）
- We have time for a 10-minute break.
  （10分の休憩時間があります）

prepare「準備する」

(2) 具体的なタイムテーブルについて説明する表現です

- After your presentation, we will have 20 minutes for a Q&A session.*
  （プレゼンのあとに20分の質疑応答があります）
- Before you begin your presentation, we will take 10 minutes for everyone from our company to introduce themselves.
  （プレゼンを始める前に10分いただき、弊社の全員が自己紹介いたします）
- We will have a short break after your presentation and then we will have 30 minutes for an open discussion.
  （プレゼンのあと短い休憩を取って、それから公開討論に30分取ります）

Q&A session「質疑応答」

相手にスケジュールを説明するときには、スケジュールを段階に分け、順序と時間を説明します。

(3) タイムスケジュールの厳しさの度合いを説明する表現のバリエーションです

- It is OK if you go over the schedule by 10 minutes or so.
  （10分くらい時間をオーバーしても大丈夫です）
- Please try to finish on schedule.*
  （スケジュールどおりに終わるようにお願いします）

on schedule「スケジュールどおりに」

Unit 22 「宿泊場所を伝える／案内する」
Explaining the Location of Accommodations

●重要表現 Key Expressions

> **You're staying at a hotel in Shibuya, in central Tokyo.**
> （東京の中心にある、渋谷のホテルに泊まっていただきます）

ここがポイント
海外から来た人は、日本のことをあまり知らない可能性もあります。宿泊の場所だけでなく泊まるのがどんなエリアなのかも説明したほうがいいでしょう。

●会話例 Dialogue

A I'll take* you to your hotel now.
（これからホテルまでご案内します）

B OK. Is it very far?*
（はい。遠いですか？）

A It is not so far. **You're staying at a hotel in Shibuya, in central Tokyo.**
（そんなに遠くないですよ。東京の中心にある、渋谷のホテルに泊まっていただきます）

B I see.
（そうですか）

A Your hotel is a ten-minute walk from Shibuya station. Shibuya is an area of Tokyo that is very popular with young people.
（ホテルは渋谷駅から歩いて10分のところにあります。渋谷は若者にとても人気のエリアなんですよ）

take「連れていく」　far「遠い」

●類似表現 Similar Expressions　重要表現の類似表現をいっしょに覚えよう

- You are staying at a hotel just next to* the train station.
  （駅のすぐ隣のホテルに泊まっていただきます）

- Your hotel is near the airport.
  （泊まっていただくホテルは空港の近くです）

- Your hotel is near Shinjuku station.
  （泊まっていただくホテルは新宿駅の近くです）

next to ...「…の隣の」

●関連表現 Related Expressions　このシーンに関連した英語を覚えよう

(1) 来客をホテルへ案内する前には次のような表現が使えます

- If you're ready, I'll show you to* your hotel now.
  （準備ができていましたら、これからホテルまで案内します）
- Let me take you to your hotel and help* you check in.
  （ホテルまでお連れして、チェックインをお手伝いします）
- I'll call you a taxi to take you to your hotel.
  （ホテルまでのタクシーを呼びます）

show someone to ...「（人を）…に案内する」　help someone ...「（人が）…するのを手伝う」

(2) 宿泊施設の場所を相手に伝える表現のバリエーションです

- You are staying at a hotel a short walk from our office.
  （ご宿泊のホテルはこのオフィスから歩いてすぐのところです）
- You can take the subway* from our office to your hotel.
  （このオフィスからホテルまでは地下鉄で行けます）

take the subway「地下鉄に乗る」

(3) ホテルがあるのがどんな街なのかも説明してあげましょう

- Shinjuku is an area of Tokyo that is famous for* having many skyscrapers.
  （新宿は、高層ビルがいっぱいあることで有名な東京のエリアです）
- Ueno is a part of Tokyo that is known for* having a zoo and many museums.
  （上野は、動物園と多くの美術館で有名な東京のエリアです）
- Roppongi is a neighborhood in Tokyo famous for its nightlife.
  （六本木はナイトライフで有名な東京のエリアです）

famous for ...「…て有名な」　known for ...「…て知られた」

Unit 23 「オフィスや施設の案内」
Explaining Office Facilities

●重要表現 Key Expressions

Let me show you around our office.
(オフィスの中をご案内します)

ここがポイント
相手がはじめてオフィスに来た場合、またプレゼンや長時間の会議のために来訪した場合などには、オフィス内の施設についても説明しましょう。

●会話例 Dialogue

A Before you start setting up for your presentation, **let me show you around our office.**
(プレゼンの準備を始める前に、オフィスの中をご案内します)

B Thank you.
(ありがとうございます)

A The restrooms are down this hall.* There is a copy machine here.
(この廊下を進むとお手洗いがあります。ここにはコピー機があります)

B Thank you, I may need to make some extra copies.
(ありがとうございます、追加でコピーを取る必要があるかもしれません)

A Of course. We have wireless access in case* you need to use the internet.
(もちろん大丈夫です。インターネットが必要な場合は、無線LANがあります)

hall「廊下」 in case ...「もし…の場合は」

●類似表現 Similar Expressions　重要表現の類似表現をいっしょに覚えよう

- Let me give you a tour of* our office.
  (オフィスのなかをご案内します)

- Let me show you some things you may need to use.
  (使う必要がありそうなものをお見せします)

- Let me show you how to use this equipment.*
  (この機材の使い方をお教えします)

give a tour of ...「…を案内する」　equipment「備品；装置」

● 関連表現 Related Expressions このシーンに関連した英語を覚えよう

① 相手がプレゼンや作業をするのに使いそうな機材を確認します

- Please feel free to* use our copy machine, should you need it.
  (もし必要でしたら、ご遠慮なくコピー機をお使いください)

- Will you need to connect* your computer to the internet?
  (あなたのパソコンをインターネットに接続する必要はありますか？)

> Feel free to ...「遠慮なく…してください」　connect「接続する」

② 以下のような表現で、相手が必要としているものがほかにないかたずねましょう

- Is there any other equipment you require?*
  (ほかに必要な機材はありますか？)

- Do you have enough* handouts?*
  (資料として配る書類の数は足りていますか？)

- Do you need an extension cord?*
  (延長コードはいりますか？)

> require「必要とする」　enough「十分な」　handout「ハンドアウト；資料」
> extension cord「延長コード」

③ 相手に手を貸す用意があることを伝えるフレーズです

- Should* you need anything else, just let me know.
  (もしほかになにか必要なものがありましたら教えてください)

- Let me know if you need help.
  (手伝うことがありましたら教えてください)

- I'll be here to help you if you need it.
  (必要でしたらお手伝いたします)

> Should ＋主語 ...「もし…なら」

Unit 24 「自社の印象をたずねる」
Asking for Comments about Your Company

●重要表現 Key Expressions

What do you think of our company?
（弊社についてどう思われますか？）

ここがポイント
オフィスを案内したあと、また自分の会社に関する説明が終わったあとには、ごく自然な流れで、相手の自社に対する考えをたずねてみるといいでしょう。

●会話例 Dialogue

A Well, do you have any other questions about our company?
（弊社についてほかに質問ありますか？）

B No, I think you explained what you do very well.
（いえ、御社の仕事がよくわかりました）

A And **what do you think of* our company?**
（それで、弊社についてどう思われますか？）

B Oh, I think your products are wonderful.
（御社の商品はすばらしいと思います）

A Thank you. I am glad to hear it. I hope we can work together.
（ありがとうございます。そう言っていただけてうれしいです。ごいっしょにお仕事できるのを楽しみにしています）

What do you think of ...?「…のことをどう思いますか？」

●類似表現 Similar Expressions　重要表現の類似表現をいっしょに覚えよう

What is your impression* of our company?
（弊社にはどんな印象をおもちですか？）

What's your first impression?*
（第一印象はいかがでしょうか？）

What do you think of what we do?
（弊社の業務をどう思いますか？）

impression「印象」　first impression「第一印象」

● **関連表現** Related Expressions　このシーンに関連した英語を覚えよう

(1) 自社に対する質問がないかどうかたずねる表現です

- Is there anything you'd like to know about our company?
  （弊社についてなにか知りたいことはありますか？）
- Is there anything you would like to ask about our company?
  （弊社についてなにか聞きたいことはありますか？）

(2) 自社に対するコメントへのお礼も忘れずに

- Thank you very much for your opinion.*
  （意見を聞かせていただきありがとうございます）
- It's good to hear that.
  （そう言っていただきうれしいです）
- Thanks for your feedback.*
  （フィードバックをありがとうございます）

opinion「意見」　feedback「評価；フィードバック」

(3) 「よろしくお願いします」という気持ちを伝えるフレーズ

- I hope we'll have the opportunity* to work together.
  （ごいっしょにお仕事できる機会があることを期待しています）
- I hope you will be satisfied* with our work.
  （弊社の仕事に満足していただければありがたいです）
- I look forward to working with you.
  （ごいっしょにお仕事するのを楽しみにしています）

opportunity「機会」　be satisfied「満足する」

「よろしくお願いします」に相当する英語表現はありません。ビジネスでは、I look forward to working with you.「ごいっしょにお仕事するのを楽しみにしています」と言えば、「よろしくお願いします」に近い表現になります。

Unit 25 「会社の印象をコメントする」
Making Comments about a Company

●重要表現 Key Expressions

I think your advertising campaigns are very innovative.
(御社の広告キャンペーンはとても革新的だと思います)

ここがポイント
相手の会社を訪問したときは、製品やサービスなどについての意見を述べるのが礼儀です。Unit 24の印象をたずねる表現に呼応した言い方をいろいろと覚えましょう。

●会話例 Dialogue

A This is a campaign we came up with* last year.
(これは去年行ったキャンペーンです)

B This is great. I think your advertising campaigns are very innovative.*
(これはすばらしいですね。御社の広告キャンペーンはとても革新的だと思います)

A Thank you very much.
(どうもありがとうございます)

B Each campaign is original* and distinctive.*
(どのキャンペーンも独創的で独特ですね)

A It is nice to hear your opinion.
(そのようなご意見を聞かせていただいてよかったです)

come up with...「…を考える；思いつく」 innovative「革新的な」 original「独創的な」
distinctive「特有な；独特な」

●類似表現 Similar Expressions 重要表現の類似表現をいっしょに覚えよう

- I think your product designs are very clever.*
(御社の商品デザインはとても気が利いていますね)

- Your products are very useful.
(御社の商品はとても便利ですね)

- Your design work is very stylish.*
(御社のデザインはとてもスタイリッシュですね)

clever「気が利いている；巧妙な」 stylish「おしゃれな」

●関連表現 Related Expressions このシーンに関連した英語を覚えよう

(1) 相手の会社の製品に対するコメントのバリエーションです

- I like the fact that your products are very eco-friendly.*
  (弊社の商品は環境にやさしいところがいいですね)
- Your package designs are very clever and considerate of* users.
  (御社のパッケージのデザインは気が利いていて、ユーザーの立場を考えてありますね)
- Your products are unlike* anything offered* by other companies.
  (御社の商品はほかの会社のものとまったく違っていますね)

eco-friendly「エコな；環境にやさしい」　considerate of ...「…のことを思いやった」
unlike ...「…と異なる；似ていない」　offer「提供する；売り出す」

単に I like your products.「御社の製品が好きです」や Your products are good.「御社の製品はいいですね」と言うだけでは不十分です。なるべく具体的に言いましょう。

(2) 相手の会社のサービスなどについてコメントする表現です

- I think your services are very useful for your customers.
  (御社のサービスは顧客にとって非常に便利だと思います)
- What your company offers will only be more popular in the future.*
  (御社が提供しているものは将来さらに人気になるでしょうね)
- What your company does is very important for society.*
  (御社のやっていることは社会にとって非常に重要なものだと思います)

in the future「将来」　society「社会」

(3) 相手の会社のスタッフについての意見を述べる際には次のような表現が使えます

- Your staff is very diverse.*
  (御社のスタッフは多様性に富んでいますね)
- Everyone at your company seems very hard working.
  (御社のスタッフはみなさんとても一生懸命お仕事しているようですね)

diverse「多様な」

Unit 26 「受付であいさつする／用件を言う」
Stating Your Business at Reception

●重要表現 Key Expressions

I have an appointment with Ellen Nelms at 2 o'clock.
（2時からエレン・ネルムズさんとのお約束があるのですが）

ここがポイント
先方のオフィスの受付でアポについて説明する際には、どの部署のだれと会う予定か、また何時からの予定かなどをなるべく手短に伝えましょう。

●会話例 Dialogue

A Good afternoon. How may I help you?
（こんにちは。どういったご用件でしょうか？）

B Good afternoon. **I have an appointment with Ellen Nelms at 2 o'clock.**
（こんにちは。2時からエレン・ネルムズさんとのお約束があるのですが）

A Do you happen to* know which department* she is in?
（どの部署の者かおわかりになりますか？）

B Yes, she is in the advertising section.*
（はい、広告課の方です）

A Just a moment, I will call her.
（呼び出しますので、少々お待ちください）

> Do you happen to ...?「ひょっとして…ですか？」　department「部署」　section「課」

●類似表現 Similar Expressions　重要表現の類似表現をいっしょに覚えよう

- I'm here to meet your advertising manager.
（広告部長とお会いしたく伺いました）

- I have a meeting scheduled with Ellen Nelms.
（エレン・ネルムズさんとミーティングの予定があります）

- I'm meeting with the CSR* manager.
（CSR担当部長と会う予定です）

> CSR「企業の社会的責任（corporate social responsibility の略）」

●関連表現 Related Expressions このシーンに関連した英語を覚えよう

① 早めに到着したり、少し遅れたりしたときの会話表現です

- I have an appointment at 4 o'clock, but I am afraid I am a bit* late.*
  （4時のお約束だったのですが、少し遅くなってしまいまして）

- I have an appointment with Mr. Sands at 3. I hope I am not late.
  （サンズさんと3時にお約束しています。遅れていなければいいのですが）

- I have an appointment at 4:30, but I am a bit early. Would it be OK if I wait here?
  （4時半からお約束していますが、ちょっと早めに着いてしまいました。ここで待っていてもよろしいでしょうか？）

a bit「少々」 late「遅れて」

② 特に大企業では、受付で相手の部署を伝える必要があります

- I believe she is in the advertising department.*
  （広告部の方だと思いますが）

- I'm sorry, but I'm not sure which department she is in.
  （すみませんが、どの部署の方かわかりません）

advertising department「広告部」

③ 訪問の目的を伝える表現のバリエーションを覚えましょう

- I'm here to give a presentation.
  （プレゼンテーションをしにきました）

- I've come to give a demonstration* of our products.
  （弊社の商品デモンストレーションに来ました）

- I'm here to attend* a seminar.
  （セミナーに出席するために参りました）

give a demonstration「デモンストレーションする」 attend「出席する」

Unit 27 「受付での応対／接客」
Greeting Visitors at Reception

●重要表現 Key Expressions

> **Who are you here to see?**
> （だれと会うお約束でしょうか？）

> **ここがポイント**
> 受付で働いているのでなくとも、他社からの訪問客にあいさつをする必要があるかもしれません。あなたが会社で唯一英語を話せる人ならなおさらです。

●会話例 Dialogue

> **A** Excuse me, I have an appointment at 2 pm.
> （すみませんが、2時のお約束があるのですが）
>
> **B** Alright. **Who are you here to see?**
> （わかりました。だれと会うお約束でしょうか？）
>
> **A** I'm meeting with Frank Huey.
> （フランク・ヒューイーさんと会う予定です）
>
> **B** I see. Could you* wait here a moment? I will go and get him.
> （ここでしばらくお待ちください。彼を連れてきますので）
>
> **A** Yes, of course.
> （はい、わかりました）

Could you ...?「…していただけますか？」

●類似表現 Similar Expressions　重要表現の類似表現をいっしょに覚えよう

- Who do you have an appointment with?
  （だれと会うお約束でしょうか？）
- Who is expecting* you?
  （だれと会うお約束でしょうか？）
- Who are you meeting here?
  （だれと会うお約束でしょうか？）

expect「（来ると思って）待つ」

● **関連表現** Related Expressions このシーンに関連した英語を覚えよう

① 相手の名前をていねいにたずねる表現です

- Would you mind* letting me have your name?
  (お名前を教えていただけますか？)
- Could I have your name please?
  (お名前を教えていただけますか？)

Would you mind -ing ...?「…していただけますか？」

② 来客を待たせる場合は、どこでどのくらい待てばいいのか伝えるのを忘れずに

- Would you mind waiting here for just a moment?
  (ここで少々お待ちくださいますか？)
- Please wait here and I'll be right back.
  (ここでちょっと待ってください、すぐ戻ります)
- Please have a seat and wait for ten minutes or so.*
  (お掛けになって10分ほどお待ちください)

ten minutes or so「10分くらい」

③ 来客の訪問相手がすぐ来るのか、自分が呼び出しにいくのかを伝えます

- Mr. Huey will be here in just a moment.*
  (ヒューイーはすぐに参ります)
- Just a moment, I will call him.
  (少々お待ちください。呼び出しますので)
- I'll just go and get him.
  (彼を呼んでまいります)

in just a moment「すぐに」

同僚を呼ぶとき、日本語では「…さん」といった敬称はつけませんが、英語ではMr.などをつけてかまいません。

Unit 28 「座ってもらう／飲み物を勧める」
Asking Visitors to Sit & Offering a Drink

●重要表現 Key Expressions

📊 Would you like something to drink while you wait?
（お待ちになっている間になにか飲み物はいかがでしょうか？）

👉 ここがポイント
日本では来客になにも聞かずに、お茶やコーヒーを出すのがふつうですが、外国人相手の場合は、まずは飲み物が欲しいかどうかたずねてみるのがいいでしょう。先方が断った場合はなにも出さなくてかまいません。無理に持っていくと逆に失礼になるかもしれません。

●会話例 Dialogue

A Please have a seat* here and Mr. Koon will be with you in just a moment.
（こちらでお掛けになってください。クーンはすぐ参りますので）

B Thank you.
（ありがとうございます）

A Would you like something to drink while you wait?
（お待ちになっている間になにか飲み物はいかがでしょうか？）

B Water would be great, thank you.
（水でお願いします。ありがとうございます）

A OK. I will be back in just a moment.
（はい、すぐ持ってまいります）

🔖 have a seat「座る」

●類似表現 Similar Expressions　重要表現の類似表現をいっしょに覚えよう

- Shall I bring you some water?
（お水を持ってきましょうか？）

- Would you like some coffee or tea?
（コーヒーや紅茶はいかがですか？）

- Would you like milk or sugar with your coffee?
（コーヒーにミルクや砂糖はお入れしますか？）

● 関連表現 Related Expressions このシーンに関連した英語を覚えよう

(1) 席を指定したり、移動してもらいたいときの表現です

- Would you mind sitting here while you wait?
  (こちらに座ってお待ちいただけますか？)
- Would you mind moving to* this chair?
  (こちらの席に移動していただけますか？)
- Please have a seat on the sofa over there.
  (あちらのソファに座ってください)

move to ... 「…に移動する」

(2) 来客の側を離れるときの表現です

- Ms. Sands will be here in a few minutes.
  (サンズは数分でまいります)
- I'll be back* in about five minutes.
  (5分後ほどで戻ります)
- I'll go get you some coffee and I'll be right back.
  (コーヒーを取りにいって、すぐ戻ります)

be back 「戻る」

(3) 来客を待たせる間、次のようなひとことをかけてもいいでしょう

- Please make yourself comfortable* while you wait.
  (楽にしてお待ちください)
- If you like, please have a look at* one of our product catalogues while you wait.
  (よろしかったらお待ちの間にこちらの商品カタログをご覧ください)
- Here is some coffee for you to have while you wait.
  (お待ちの間コーヒーでもお召し上がりください)

make oneself comfortable 「楽にする」   have a look at ... 「…を見る」

コーヒーメーカーやサーバーなどが設置してある場合3番目の表現で勧めましょう。

Unit 29 「ミーティング前のスモールトーク」
Making Small Talk Before a Meeting

●重要表現 Key Expressions

Have you been to this area before?
（このあたりにいらしたことはありますか？）

ここがポイント
ミーティングのメンバーが揃うまでにしばらく時間があることもあるでしょう。そんなとき沈黙は気まずいものです。当たり障りのない「スモールトーク」をしましょう。

●会話例 Dialogue

A Thank you for coming today. Could you find our office easily?
（今日はお越しいただきありがとうございます。場所はすぐわかりましたか？）

B Yes, very easily.
（はい、すぐわかりました）

A Oh, **have you been to this area before?**
（このあたりにいらしたことはありますか？）

B Yes. I have other clients near here.
（はい、この近くにはほかのクライアントもいますので）

A So you must* come here often.
（それでは、このあたりにはよくいらっしゃってるんでしょうね）

other「別の」　must「…に違いない」

●類似表現 Similar Expressions　重要表現の類似表現をいっしょに覚えよう

- Are you familiar with* this area?
  （このあたりはよくご存知ですか？）
- Do you know this area well?
  （このあたりはよく知っていますか？）
- Do you come to this area often?
  （このあたりにはよく来ていますか？）

be familiar with ...「…をよく知っている」

● **関連表現** Related Expressions このシーンに関連した英語を覚えよう

(1) 自社のオフィスに来たことがあるかどうかをたずねてもいいでしょう

- Is this your first time to come to our office?
  (弊社のオフィスへははじめてですか？)
- Have you been to our office before?
  (弊社のオフィスに以前いらしたことはありますか？)
- You've been to our office before, haven't you?
  (以前弊社のオフィスにはいらしたことがあるんですよね？)

(2) スモールトークとして一般的なのは天気の話題です

- Thank you for coming in spite of* the bad weather.
  (悪天候の中をお越しいただきありがとうございます)
- I hope you didn't get too wet* in the rain.
  (雨で濡れていらっしゃらなければいいのですが)
- It's a beautiful day* out, isn't it?
  (今日はいい天気ですね)

in spite of ... 「…にもかかわらず」　get wet 「濡れる」　beautiful day 「天気がいい日」

(3) 相手がどんな交通手段で来たかをたずねてみてもいいでしょう

- How did you come to our office today?
  (今日は弊社には、なにでお越しですか？)
- Did you come by taxi?*
  (タクシーで来ましたか？)

by taxi 「タクシーで」

Unit 30 「ミーティングの本題に入る」
Introducing the Main Topic of a Meeting

●重要表現 Key Expressions

📊 We are here to discuss our upcoming advertising campaign.
（今度の広告キャンペーンについて話し合うためここに集まりました）

👉 ここがポイント
ビジネスミーティングでは、参加者全員が議題を既に知っているはずですが、最初にテーマを紹介するのがいいでしょう。そうすれば、スモールトークは終わり、ミーティングが始まるということが全員に伝わります。

●会話例 Dialogue (CD 1-59)

A Thank you very much for coming today, Mr. Kirkland.
（カークランドさん、今日はお越しいただきありがとうございます）

B You're welcome.
（どういたしまして）

A As you know, **we are here to discuss our upcoming* advertising campaign.**
（ご承知のとおり、今度の広告キャンペーンについて話し合うためここに集まりました）

B Yes, of course.
（はい、そうですね）

A First of all I would like to see what you have so far. Then we can talk about what needs to be changed.
（まずはこれまでに準備していただいたものを見せていただき、そのあとになにを変更すればいいか話し合いましょう）

✏️ upcoming「もうすぐやってくる；今度の」

●類似表現 Similar Expressions　重要表現の類似表現をいっしょに覚えよう

📊 We are here to discuss the new ad.*
（新しい広告を相談するために集まりました）

📊 We are going to discuss the ad design.
（これから広告デザインについて話し合います）

📊 We need to discuss the advertising budget.*
（広告予算について話し合う必要があります）

✏️ ad「広告（advertisement の略）」　budget「予算」

● 関連表現　Related Expressions　このシーンに関連した英語を覚えよう

(1) まずは次のような言い方で打ち合わせの議題を紹介しましょう

- The purpose* of this meeting is to choose a design company.
（このミーティングの目的はデザイン会社を選ぶことです）

- The main topic* of this meeting is the design style for the advertising campaign.
（このミーティングのメインテーマは広告キャンペーンのデザインスタイルです）

> purpose「目的」　topic「話題；テーマ」

(2) 議題が複数あることを伝える表現です

- We have several topics to discuss today.
（今日は複数のテーマについて話し合います）

- We have a lot to talk over and not a lot of time, so we will have to move ahead* quickly.
（話し合うことが多くて時間があまりないので、早く先へ進まなくてはなりません）

- We have three main topics to go over today.
（今日は主として3つのテーマについて話し合います）

> move ahead「先へ進む」

(3) 議題が複数ある場合は優先順位を伝えることが重要です

- First we should discuss the design, then we can talk about the budget.
（まずはデザインの話をして、それから予算の話をしましょう）

- The first order of business* is the budget.
（最初の議題は予算です）

- If we have time, we can cover* the training program.
（時間があれば、研修プログラムについて話してもいいでしょう）

> order of business「議題」　cover「（話題などを）取り上げる」

Unit 31 「ミーティングを中座する」
Leaving in the Middle of a Meeting

●重要表現 Key Expressions

I'm terribly sorry, but I need to step out for a moment.
(ほんとうに申し訳ないのですが、ちょっと外さなければなりません)

ここがポイント
ミーティングを中座することになるときには、重要表現を使って一時退席しましょう。ダイアログにあるように、「すぐに戻ります」といったひとこともつけ加えておきましょう。

●会話例 Dialogue

A Excuse me, Emily. You have a telephone call. They say it is very urgent.*
(エミリーさん、すみません。電話が入りました。緊急の用件だそうです)

B Thank you. Excuse me, everyone. **I'm terribly sorry, but I need to step out* for a moment.**
(ありがとう。みなさん、すみません。ほんとうに申し訳ないのですが、ちょっと席を外さなければなりません)

C Yes, of course.
(はい、どうぞどうぞ)

B I will be right back.
(すぐ戻ります)

urgent「緊急の」　step out「席を外す」

●類似表現 Similar Expressions　重要表現の類似表現をいっしょに覚えよう

I'm very sorry about this, but I need to go out for a moment.
(ほんとうに申し訳ないのですが、ちょっと出なければなりません)

I'm so sorry, but I just need to step out briefly.*
(すみませんが、ちょっと席を外さなければなりません)

I have to go out, but I will be right back.
(ちょっと出なければなりませんが、すぐ戻ります)

briefly「一時的に」

● 関連表現 Related Expressions このシーンに関連した英語を覚えよう

① 席を外してしばらく待っていてもらうときは次のように言いましょう

- I need to ask you to wait for a moment.
  (すみませんが、少々お待ちいただけますようお願いします)

- I'm afraid you'll need to wait here just a while.
  (申し訳ありませんが、ここでしばらくお待ちください)

- I'm sorry to* have to ask you this, but can you wait a moment?
  (こんなことをお願いするのは申し訳ないのですが、ちょっとお待ちいただけますか?)

I'm sorry to ...「…して申し訳ありません」

② 中座するときにはその理由も伝えるのが礼儀です

- I just need to take a phone call.*
  (ちょっと電話に出なくてはなりませんので)

- I just need to go out to make a few extra copies.*
  (もうちょっと余分にコピーを取りにいかないといけませんので)

- I just need to get someone who is joining the meeting.
  (ミーティングに出席される方を連れてこないといけませんので)

take a phone call「電話に出る」 make copies「コピーを取る」

③ 自分が中座している間のミーティングの進行について伝える表現です

- Please feel free to carry on* without me.
  (私がいない間も遠慮なく進めてください)

- Could I ask you to wait until I return before continuing?*
  (私が戻るまで先に進まず待っていていただけますか?)

- Please wait until I get back.
  (私が戻るまで待っていてください)

carry on「進める;続ける」 continue「続ける」

Unit 32 「途中休憩を取るとき」
Taking a Break During a Meeting

●重要表現 Key Expressions

📢 Shall we have a short break first?
（まずちょっと休憩を取りましょうか？）

👉 ここがポイント
ミーティングの途中、休憩するべきときにそれを理解して、適切なタイミングで休憩を入れてあげるのも司会の重要な役割のひとつですね。英語では break「休憩」という単語を使います。

●会話例 Dialogue

A What is next on the agenda?*
（次の議題はなんですか？）

B The advertising budget.
（広告予算ですね）

A That will probably* take some time. **Shall we have a short break* first?**
（それは時間かかりそうなので、まずちょっと休憩を取りましょうか？）

B That sounds good.
（そのほうがいいですね）

A Let's start again in 10 minutes.
（10分後にまた始めましょう）

✏️ agenda「議題（の一覧表）」 probably「おそらく」 have a break「休憩を取る」

●類似表現 Similar Expressions　重要表現の類似表現をいっしょに覚えよう

📢 Should we take a break* before continuing?
（先に進む前に休憩しましょうか？）

📢 Shall we have a break before going on to the next topic?
（次の議題に進む前に休憩しましょうか？）

📢 Is now a good time for a break?
（そろそろ休憩を取る頃合いでしょうかね？）

✏️ take a break「休憩を取る」

● **関連表現** Related Expressions このシーンに関連した英語を覚えよう

① 休憩前に、残りの議題や時間などを確認しましょう

- What is the next topic on the agenda?
  （スケジュールの次の議題はなんですか？）
- How many items are left* on the agenda?
  （あといくつ議題が残っていますか？）
- How long have we been going?
  （始まってからどのぐらい時間が過ぎましたか？）

be left「残っている」

② 会議の残りの議題やそれに要する時間にまつわる表現

- The next topic will probably take a lot of time.
  （次の題目はけっこう時間かかりそうです）
- We probably need to continue for at least another hour.
  （これから少なくとも1時間は続ける必要がありそうです）
- We still have a lot to cover.*
  （まだ話し合うべき題目がたくさん残っています）

cover「（話題などを）取り上げる」

③ 休憩後、再び集まる時刻を必ず全員に伝えます

- Shall we reconvene* in 15 minutes?
  （15分後にまた集まりましょうか？）
- Let's start again* in 10 minutes.
  （10分後にまた始めましょう）

reconvene「再招集する；また集まる」　start again「再開する」

Unit 33 「ミーティングを終えるとき」
Ending a Meeting

●重要表現 Key Expressions

> 📊 **That concludes today's meeting.**
> (今日のミーティングはこれで終わりです)

👉 ここがポイント
参加者がまだ話し合いたがっているようなときには、ミーティングを終えることを言いづらいこともあるでしょう。このユニットの表現を参考に、ミーティングをうまく締め括る表現を身につけてください。

●会話例 Dialogue

(CD 1-65)

A John, is there anything else you would like to add?*
(ジョンさん、ほかになにかありますか？)

B No, I don't think so.
(いえ、ないと思います)

A Alan, do you have anything else?
(アランさん、なにかありますか？)

C No, that's alright.
(いえ、ありません)

A In that case, **that concludes* today's meeting.** Thank you both for your time.
(それでは、今日のミーティングはこれで終わります。おふたりともお時間をいただきありがとうございます)

🔖 add「付け加える」　conclude「終える；締め括る」

●類似表現 Similar Expressions　重要表現の類似表現をいっしょに覚えよう

- 📊 That ends* today's meeting.
  (それでは、今日のミーティングはこれで終わります)

- 📊 Shall we end the meeting now?
  (ミーティングはこれで終わりにしましょうか？)

- 📊 That's all* for today.
  (今日はこれで終わります)

🔖 end「終える」　that's all「これで終わりだ」

●関連表現 Related Expressions このシーンに関連した英語を覚えよう

(1) ミーティング終了前に、言い残しがないか確認を取りましょう

- Is there anything else you would like to say?
  （ほかに言いたいことはありますか？）
- Is there anything else you wanted to get to?*
  （ほかに話したいことがありますか？）

> get to ... 「…に到達する；触れる」

(2) 次のような表現で議題をどの程度話し合えたかを振り返ります

- I think we have gone over* everything on the agenda.
  （議題はすべて話し合えたと思います）
- I believe we have gotten to everything.
  （すべて話し合えたと思います）
- At least* we have covered the main topics.
  （少なくともメインのトピックは話し合うことができました）

> go over「論じる」 at least「少なくとも」

(3) ミーティング出席者への感謝を伝えるひとことで締め括ります

- Thank you very much for your time today.
  （今日はお時間をいただきありがとうございました）
- Thank you for your cooperation,* everyone.
  （みなさん、ご協力ありがとうございました）
- Thank you everyone for your input.*
  （みなさん、ご意見をいただきありがとうございました）

> cooperation「協力」 input「（情報・意見などの）提供」

Unit 34 「別れるときのあいさつ」
Saying Farewell Greetings

● 重要表現 Key Expressions

> **I hope to see you again very soon.**
> (近いうちにまたお会いできることを望んでいます)

ここがポイント
ビジネスシーンで別れのあいさつをするときは、相手の地位に応じて適切なていねい度の表現を選びましょう。

● 会話例 Dialogue

A Thank you again for joining* the meeting today.
(今日のミーティングに参加していただきありがとうございます)

B You're welcome. It was my pleasure.
(どういたしまして。参加できてよかったです)

A I hope to see you again very soon.
(近いうちにまたお会いできるといいですね)

B I hope so, too.
(そうですね)

A Please contact us if anything comes up.*
(なにかありましたら、ご連絡ください)

join「参加する」 come up「(問題などが) 起こる」

● 類似表現 Similar Expressions　重要表現の類似表現をいっしょに覚えよう

- I hope we can meet again soon.
  (近いうちにまたお会いできるといいですね)

- Hopefully* we can meet again soon.
  (近いうちにまた会えるといいですね)

- Let's meet again soon.
  (近いうちにまた会いましょう)

hopefully「願わくは」

●関連表現 Related Expressions このシーンに関連した英語を覚えよう

① 別れるときにも、相手へのお礼を言うのが礼儀です

- Thank you again for your cooperation today.
  （今日はご協力をいただきありがとうございます）
- Thank you again for your time.
  （今日はお時間をいただきありがとうございます）
- Thank you again for coming all the way to* our office.
  （わざわざ弊社のオフィスに来ていただきありがとうございます）

✐ all the way to ... 「…まではるばる；わざわざ」

② なにか質問があったときには連絡してください、と伝える表現です

- Please feel free to* contact us if problems arise later.
  （あとでなにか問題がありましたら、遠慮なくご連絡ください）
- If you have any questions about today's meeting, please e-mail me.
  （今日のミーティングについて質問がありましたら、メールをください）

✐ Please feel free to ... 「遠慮なく…してください」

③ 次回会う約束がある場合は、そのことにも触れておくといいでしょう

- I look forward to seeing you again for our meeting on the 20th.
  （20日のミーティングでまたお会いするのを楽しみにしています）
- Don't forget we have another meeting scheduled for next week at the same time.*
  （来週の同じ時間、またミーティングがあることをお忘れなく）
- I'll see you next month when I come for the seminar at your company.
  （来月御社のセミナーに伺いますのでそのときお会いしましょう）

✐ at the same time 「同じ時間に」

Unit 35 「別れるときのスモールトーク」
Making Small Talk After a Meeting

● **重要表現** Key Expressions

> **Are you returning to your office now?**
> (これからオフィスに戻りますか？)

ここがポイント
相手が帰るときには、そのあとどうする予定かなどを、スモールトークとして話しましょう。ただし、あまりプライベートな質問はしないように注意してください。

● **会話例** Dialogue

A Are you returning* to your office now?
(これからオフィスに戻りますか？)

B Yes, that's right.
(はい、そうです)

A Do you have an umbrella? I heard it may rain later today.
(傘は持っていますか？ 今日はあとで雨が降るらしいですよ)

B No, but I think I will be OK, as I don't have far to go.*
(持っていませんが大丈夫だと思います、遠くないですから)

A I see. Please take care.
(わかりました。気をつけてくださいね)

return「戻る」　have far to go「遠くまで行かなければならない」

● **類似表現** Similar Expressions　重要表現の類似表現をいっしょに覚えよう

> Are you taking a taxi* back to your office?
> (タクシーに乗ってオフィスに戻るんですか？)

> Do you have another appointment after this?
> (これからほかのアポがあるんですか？)

> Are you going back to your head office* now?
> (これから本社に戻るんですか？)

take a taxi「タクシーに乗る」　head office「本社」

● 関連表現 Related Expressions このシーンに関連した英語を覚えよう

① ミーティング中に天気がどう変わったかなどもいい話題になります

- The weather has cleared up.
  (すっかり晴れましたね)
- The rain appears to* have let up.*
  (雨がやんだようですね)
- It got very dark out while we were in the meeting.
  (ミーティングの間に、外はすっかり暗くなってしまいましたね)

appears to ...「…するようだ」 let up「(雨が)やむ」

② 悪天候なら、外に出る相手を気遣うひとことが好印象になります

- Let me lend you an umbrella, since it is raining out.
  (雨が降っていますので、傘をお貸します)
- It is supposed to* rain today.
  (今日雨が降るはずですよ)

be supposed to ...「…することになっている」

③ 別れ際の会話は次のような言い方で締め括るといいでしょう

- Please enjoy the rest* of your day.
  (よい一日を)
- Please take care in the rain.
  (雨ですので、気をつけてください)
- Please drive safely.*
  (気をつけて運転してくださいね)

rest「残り」 safely「安全に」

単に goodbye「さようなら」と言うだけでなく、車を運転して帰る人には Please drive safely. など、状況に応じて別れのあいさつを使い分けましょう。

第2章

オフィスの英会話

Unit 36 「あいさつする／返す」
Greetings and Replies

● 重要表現 Key Expressions

How are you doing this morning?
(今朝はお元気ですか？)

ここがポイント
社内の人へのあいさつは、かなりカジュアルな表現を使ってもかまいません。逆にフォーマルすぎるあいさつは、相手によそよそしい印象を与えてしまいますので注意しましょう。

● 会話例 Dialogue

A Good morning, Grace.
(グレースさん、おはようございます)

B Good to see you, David. **How are you doing this morning?**
(おはよう、デイヴィッド。今朝は元気？)

A Oh, I'm fine. And you?
(はい、元気です。あなたは？)

B I have a lot of work to do today, but I will get through* it.
(今日は仕事がいっぱいあるけど、頑張りますよ)

A Well, good luck with that.
(じゃあ、頑張って)

get through ... 「…をやり遂げる」

● 類似表現 Similar Expressions　重要表現の類似表現をいっしょに覚えよう

How is everything this morning?
(今朝は元気ですか？)

Is everything OK this morning?
(今朝はすべて順調ですか？)

How are things* with you?
(調子はどう？)

How are things? 「状況はどうですか？」

● 関連表現 Related Expressions このシーンに関連した英語を覚えよう

① How are you?「元気ですか?」に対して具体的な状況を答える表現です

- I've got a lot to do today.
  (今朝はいろいろあるんですよね)
- I've got loads of* e-mails to get to this morning.
  (今朝、読まなくちゃいけないメールがいっぱいあるんです)
- I'm pretty busy at the moment.*
  (いまかなり忙しいんですよ)

> loads of ...「…がたくさん」　at the moment「いま」

> How are you?「元気ですか?」などの質問には、フォーマルなシチュエーションではI'm fine, thank you. のような決まり文句で答えることが多いのですが、カジュアルな間柄なら具体的な状況を伝えることもあります。

② 下記のように相手にあいさつを返しましょう

- What about you?
  (あなたはどう?)
- And how are you getting along?*
  (あなたも元気にしてる?)
- And how is your work coming along?*
  (仕事は進んでる?)

> How are you getting along?「お元気ですか?」　come along「はかどる；進む」

> カジュアルなシチュエーションであっても、相手にも「元気ですか?」といった質問を返さないとぶっきらぼうな印象を与えかねません。カジュアルな表現であいさつを返しましょう。

③ あいさつ代わりの会話を締め括るちょっとしたひとことです

- Good luck with* things today.
  (今日も仕事がんばってください)
- I'll let you get to your work.
  (そろそろ解放するから、仕事を進めて)

> Good luck with ...「…をがんばってね」

Unit 37 「お昼などの休憩に入る／休憩から戻る」
Leaving the Office for a Break

●重要表現 Key Expressions

I'll just go buy some lunch somewhere.
（どこかで昼食を買ってきます）

ここがポイント
お昼休みや休憩時間に会社を出るときには、カジュアルな言い方でかまいませんが、外へ行くことをひとこと伝えてから出かけましょう。

●会話例 Dialogue

A Would it be OK if I went for lunch* now?
（今、昼ごはんに行ってもいいですか？）

B Yes, of course.
（うん、もちろん）

A **I'll just go buy some lunch somewhere**, so I'll be back soon.
（どこかで昼食を買ってくるだけなのですぐ戻ります）

B It's OK. Take your time.*
（いいですよ。ゆっくり行ってきて）

A Thanks. See you soon.
（ありがとう。それではまたあとで）

---

go for lunch「昼食に出かける」　Take your time.「ごゆっくりどうぞ」

●類似表現 Similar Expressions　重要表現の類似表現をいっしょに覚えよう

- Would it be OK if I took a lunch break now?
  （いまお昼休みを取ってもいいでしょうか？）

- Is now a good time for me to take my lunch break?
  （いま、私がお昼休みを取るのにちょうどいい時間でしょうか？）

- I'll just go for lunch now.
  （ちょっとお昼に出てきます）

●関連表現 Related Expressions このシーンに関連した英語を覚えよう

(1) 同僚にどこに行くのか、何時に戻るのかを伝える表現です

- I need to go to the post office, so I will be back in about 20 minutes.
  (郵便局に行かなければならないので、20分後ぐらいに戻ってきます)
- I have some errands* to run, so I will be out for a while.*
  (用事がありますので、しばらく外出します)
- I need to go out of the office, but I will be back right away.*
  (オフィスを出なければなりませんが、すぐ戻ります)

errands「お遣い」 for a while「しばらく」 right away「すぐに」

(2) 同僚が外出するときは次のような表現で声をかけるといいでしょう

- There's no need for you to rush.*
  (急がなくて大丈夫ですよ)
- Please try to be back by* 1 o'clock.
  (1時までに戻るようにしてください)

rush「急ぐ」 by ...「…までに」

(3) オフィスをあとにするときのあいさつフレーズです

- I'll see you a little later.
  (ちょっとしたら戻ります)
- I'll be back before long.*
  (遅くならないうちに戻ります)
- Be back in a bit.*
  (すぐ戻ります)

before long「近いうちに」 in a bit「すぐに」

Unit 38 「オフィスに戻ったときのあいさつ」
Returning to the Office

●重要表現 Key Expressions

Did anything come up while I was out?
(外出中になにかありましたか？)

ここがポイント
お昼休みなど外出から戻ったとき、いない間になにかなかったかどうかたずねる表現も覚えておきましょう。come up は「起こる；生じる」という意味。

●会話例 Dialogue

A Hi, Nicole. Welcome back.
(ニコール、おかえり)

B Hi. **Did anything come up* while I was out?**
(ただいま。外出中になにかあった？)

A Yes, Peter called a few minutes ago.
(はい、数分前にピーターから電話があったよ)

B Did he say what it was about?
(どんな用件か言ってた？)

A No, but he said he would call back* later.
(いえ、でもあとでまた電話すると言ってたよ)

---
come up「(問題などが) 生じる；もち上がる」　call back「(電話を) かけ直す」

●類似表現 Similar Expressions　重要表現の類似表現をいっしょに覚えよう

- Did anyone call when I was away?*
  (外出中に電話がありましたか？)

- Did anyone come by* when I was gone?
  (外出中にだれか来ましたか？)

- Were there any problems when I wasn't here?
  (外出中になにか問題がありましたか？)

---
be away「出かけている；離れている」　come by「立ち寄る；来る」

● **関連表現** Related Expressions　このシーンに関連した英語を覚えよう

① オフィスに戻るのが遅くなったときは、お詫びのひとことを忘れずに

- I'm sorry I was gone for a while.*
  （外出が長くなってすみません）
- I'm sorry I couldn't get back sooner.*
  （早く戻れなくてすみません）
- Sorry to have taken such a long time.*
  （出かけるのがこんなに長くなってごめんなさい）

for a while「しばらく」　sooner「もっと早く」　such a long time「こんなに長い時間」

② 同僚が外出中にかかってきた電話について伝える表現です

- Someone called just after* you left.
  （あなたがオフィスを出たあとすぐに電話がありました）
- James called and said he would call back later today.
  （ジェイムズが電話してきて、今日またあとで電話すると言っていました）

just after ...「…のあとすぐ」

③ 外出中に電話応対などをしてくれた同僚にお礼を言いましょう

- Thanks for taking care of* things while I was gone.
  （外出中いろいろ対応してくれてありがとう）
- Thanks for taking my calls.
  （電話に出てくれてありがとう）
- Cheers for* waiting for me to get back.
  （私が戻るのを待っていてくれてありがとう）

take care of ...「…を処理する；対応する」　Cheers for ...「…ありがとう」

ちょっとした感謝のひとことが、オフィスでの人間関係作りにはとても重要です。3番目の Cheers for ... は英国英語で、Thanks for ... と同じ意味。

Unit 39 「遅刻の連絡／病欠の連絡をする」
Calling to Say You Will Be Late or Are Sick

● 重要表現 Key Expressions

> **I'm sick today and won't be coming into the office.**
> （今日は具合が悪いので、お休みします）

ここがポイント
遅刻や病欠の連絡をするとき、同僚に対しては上司に対するよりはカジュアルな表現になりますが、それでも通常よりはていねいな表現を心がけましょう。病気などオフィスに出られない理由も合わせて伝えましょう。

● 会話例 Dialogue

A Hello, ABC Publishing. How may I help you?
（もしもし、ABC パブリシングです。どういったご用件でしょうか？）

B Hi, this is Steve. Is that Rachel?
（スティーブですが。レイチェルですか？）

A Yes, it is. How are you, Steve?
（はい、そうです。スティーブ、どうしたの？）

B Actually, **I'm sick*** today and won't be coming into the office.
（実は、今日は具合が悪いので、お休みします）

A Sorry to hear that. Please stay home and rest.*
（それはお気の毒に。家で休んでくださいね）

---
sick「具合が悪い；病気の」　rest「休む」

● 類似表現 Similar Expressions　重要表現の類似表現をいっしょに覚えよう

- I'd like to take the day off* because I am pretty sick.
  （かなり具合が悪いので、今日はお休みしたいのですが）

- I have come down with* a bad cold, so I would like to rest at home.
  （ひどい風邪で寝込んでしまったので、家で休みたいのですが）

- I am feeling a bit sick, so I would like to work at home* today.
  （今日はちょっと具合が悪いので、家で仕事をしたいのですが）

---
take a day off「1日休みを取る」　come down with ...「…の病気にかかる」
work at home「家で仕事する」

● 関連表現 Related Expressions このシーンに関連した英語を覚えよう

① 遅刻することを伝える表現です

- I had a problem at home and I'll be a bit late getting to the office today.
  (家で問題がありまして、今日はオフィスに着くのが少し遅くなります)

- I'm home sick, but I may come to the office in the afternoon.
  (具合が悪いので家にいますが、午後からオフィスに来るかもしれません)

② 自分がいない間の対応を同僚に依頼しましょう

- I'm going to be a bit late, so let's push back* the meeting.
  (ちょっと遅刻するので、ミーティングを延期しましょう)

- I'll probably be late to our meeting, but please start without me.
  (ミーティングに遅れそうなのですが、先に始めていてください)

- I'll be a bit late to the office, so please ask my visitor to wait if he arrives first.
  (オフィスに着くのが少し遅くなるので、お客さまが先に着いたら、待っていてもらってください)

> push back「延期する」

> 上記の表現は、みなかなりカジュアルです。上司や他社の人には I am terribly sorry ...「大変申し訳ありませんが…」や Could I ask you to ...?「…していただけますでしょうか？」のようなていねいな表現を使いましょう。

③ 緊急の用事があった場合の対応を同僚に伝えておきましょう

- Please call me at home if anything urgent* comes up.
  (緊急の用事がありましたら、家に電話してください)

- If you need anything, I will be checking my e-mail.
  (もしなにか必要なら、こちらでメールをチェックします)

- If you have any pressing* questions, please ask Monica.
  (もし緊急の質問があったら、モニカに聞いてください)

> urgent「緊急の」 pressing「緊急の；差し迫った」

Unit 40 「休暇／早退を願い出る」
Asking for Days Off/Asking to Leave Work Early

● 重要表現 Key Expressions

> **If possible, I would like to take a half day off next Tuesday.**
> （もし可能なら、次の火曜日に半日休暇を取りたいのですが）

ここがポイント
仕事で休暇を願い出るときは、理由も合わせてていねいな表現で伝えなければなりません。

● 会話例 Dialogue

A Anna, could I speak to you for a moment?
（アナさん、いま少し話してもいいですか？）

B Sure, what is it?
（はい、なんでしょうか？）

A If possible,* I would like to take a half day off next Tuesday.
（もし可能なら、次の火曜日に半日休暇を取りたいのですが）

B That should be OK.
（大丈夫だと思いますよ）

A I would like to go to the dentist that day.
（その日は歯医者に行きたいんです）

if possible「可能なら」

● 類似表現 Similar Expressions　重要表現の類似表現をいっしょに覚えよう

> I'd like to have Thursday afternoon off.
> （木曜日の午後お休みしたいのですが）

> Could I take a day off next week?
> （来週1日お休みを取ってもいいでしょうか？）

> Would it be possible for me to take three days off next month?
> （来月、3日間休暇をもらうことはできますか？）

● 関連表現 Related Expressions このシーンに関連した英語を覚えよう

(1) 休暇を願い出るときには、まず次のような表現で話しかけます

- There's a favor* I'd like to ask.
  (お願いしたいことがあります)

- Could I talk to you about my schedule?
  (私のスケジュールについて話してもいいでしょうか？)

- I'd like to ask you about making a change to my work hours.
  (私の勤務時間の変更について話したいのですが)

ask a favor「お願いごとをする」

(2) 昼休みの延長や早退を願い出る表現です

- If it isn't a problem, I would like to take a long lunch.
  (問題なければ、長めのお昼休みを取りたいのですが)

- If it wouldn't be too much trouble, I would like to leave a bit early.*
  (問題なければ、少し早めに帰りたいのですが)

leave a bit early「(いつもより) 少し早く帰る」

同僚に対してでも、休んだり早退することを伝えるときにはていねいな表現を使いましょう。If it isn't a problem ...「問題なければ…」といったフレーズを最初に加えるだけでていねいな響きになります。

(3) 休暇を願い出る理由を伝える表現も覚えておきましょう

- I have a doctor's appointment* that day.
  (その日は病院の予約があるんです)

- I need to take my kids to the doctor.
  (うちの子供たちを病院に連れていく必要がありまして)

- I have a family obligation.*
  (家族関係の用事があるんです)

doctor's appointment「病院の予約」 family obligation「家族関係の用事」

休暇を願い出る理由は、具体的なことまでは言わなくてもかまいません。I need to do something with my family.「家族とやらなければならないことがあります」のように言うだけでも OK です。

Unit 41 「勤怠の連絡を受ける／許可する」
Taking a Call and Giving Permission for Time Off

●重要表現 Key Expressions

> **That is fine, since we are not so busy today.**
> (大丈夫ですよ、今日はあまり忙しくありませんので)

ここがポイント
同僚が病気などの理由でオフィスに来られない旨の連絡を受けたときは、関連表現を参考に、相手の状況に同情するひとこと、早くよくなるようにという気遣いのひとこともつけ加えましょう。

●会話例 Dialogue

A Hello, Jill speaking.
(もしもし、ジルです)

B Hi, Jill. This is Dean.
(やあジル、ディーンです)

A How are you?
(元気ですか？)

B Actually, I am calling to ask if it would be OK to take the day off* today. I have a terrible* cold.
(実は今日休みを取ってもいいかを聞きたくて電話したんです。ひどい風邪なんですよ)

A **That is fine, since we are not so busy today.** Please rest at home.
(今日はあまり忙しくないので、大丈夫よ。家で休んでくださいね)

---
take a day off「1日休みを取る」　terrible「ひどい」

●類似表現 Similar Expressions　重要表現の類似表現をいっしょに覚えよう

- I'm sorry to hear you are sick. Of course you can have the day off today.
(具合が悪くて大変ですね。もちろん今日休みを取ってもいいですよ)

- By all means,* take the day off.
(ぜひ休みを取ってください)

- Since we are really busy at the office, would it be at all possible for you to come for a half day?*
(今日はみなとても忙しいので、半日でも来てもらえませんか？)

---
by all means「ぜひ；どうしても」　a half day「半日」

忙しいときなど、相手にどうしてもオフィスに来てもらいたい場合は Would it be possible for you to ...?「…してもらうことはできませんか？」のようにていねいな表現でお願いします。

● **関連表現** Related Expressions このシーンに関連した英語を覚えよう

① 具合の悪い相手を気遣うひとことを忘れずに

- Please take care of yourself so you can get well* soon.
  (早く治るようお大事に)
- Please rest and don't worry about work.
  (仕事のことは心配しないで休んでくださいね)

get well「よくなる；快復する」

② 重病なら力になりますよ、という気持ちを伝える表現です

- Please call us if you need help with anything.
  (なにか手伝うことがあったら電話してください)
- Let me know if your condition* is serious.*
  (重病になってしまったら連絡してください)
- Please call me again if you are not feeling better by tomorrow.
  (もし明日までに具合がよくなっていなかったら、また電話してください)

condition「具合」　serious「深刻な；重大な」

③ 相手が休んでも大丈夫、と安心させてあげるフレーズも覚えましょう

- The office is not so busy today, so you shouldn't* miss much.
  (今日はそんなに忙しくないので、あまり影響はないですよ)
- We'll try to get by* without you today.
  (今日はあなたがいなくても私たちでなんとかやってみます)
- We may have to call you if anything urgent* comes up.
  (緊急な用件があったら、電話しなければならないかもしれませんけど)

shouldn't「…しないはずだ」　get by「どうにかやる」　something urgent「緊急なこと」

Unit 42 「時間があるか聞く」

Asking If Someone Has Time

●重要表現 Key Expressions

Do you have a minute to look at the new design for the presentation handouts?
(プレゼンテーション資料の新しいデザインをちょっとチェックする時間はありますか？)

ここがポイント

なにか依頼するとき、質問したいときなどには、まず相手に時間があるかをたずねるのがマナーです。このユニットでは、「時間はありますか？」とたずねる表現をチェックしていきましょう。

●会話例 Dialogue

A Erica, could I talk to you for a minute?
(エリカさん、少しお話ししてもいいですか？)

B Yes, what is it?
(はい、なんですか？)

A Do you have a minute to look at the new design for the presentation handouts?*
(プレゼンテーション資料の新しいデザインをちょっとチェックする時間はありますか？)

B Sure, just give me a second.*
(はい、ちょっと待ってください)

A Of course.
(わかりました)

handout「資料」　Give me a second.「ちょっと待って」

●類似表現 Similar Expressions　重要表現の類似表現をいっしょに覚えよう

- Do you have time to look over* the book cover× design?
(本の表紙デザインをチェックする時間はありますか？)

- Do you have a minute to check this schedule?
(このスケジュールを確認する時間はありますか？)

- Could you spare* a moment to approve* these invoices?
(この明細書を承認していただくお時間はありますか？)

look over ...「…を確認する」　book over「本の表紙」　spare「時間を割く」
approve「承認する」

● **関連表現** Related Expressions このシーンに関連した英語を覚えよう

(1) ちょっとした用件で時間があるかどうかをたずねるシンプルな表現です

- Could I speak to you for a moment?
  （ちょっとお話ししてもよろしいでしょうか？）
- Do you have a bit of* time now?
  （ちょっとお話ししてもよろしいでしょうか？）
- Could you spare some time now?
  （いま少々お時間いただけますか？）

a bit of ...「少々の…」

(2) 必要なら、相手に長い時間のかからない用件であることを伝えましょう

- It shouldn't take long.*
  （あまり時間はかからないはずですので）
- It should only take a few minutes.
  （ほんの数分しかかからないはずですので）

take long「時間が（長く）かかる」

(3) 相手が忙しそうなら、別の時間でもかまわないことを伝えましょう

- If you're busy now, later today would also be OK.
  （いま忙しかったら今日の遅い時間でも大丈夫です）
- Later today would be fine as well.*
  （今日の遅い時間でもかまいません）
- After lunch is also OK.
  （昼食のあとでも大丈夫です）

as well「同様に」

Unit 43 「都合を答える（時間がある／ないと言う）」
Explaining When You Are Available

●重要表現 Key Expressions

I could make time to talk to you about it this afternoon.
（今日の午後お話しする時間を作れますよ）

ここがポイント
時間があるかどうかをたずねてきたのが社内の人か他社の人かで、答え方はまったく違ってきます。このユニットの表現は割とカジュアルなものですので、他社の人にはよりフォーマルな表現が必要です（Unit 10 参照）。

●会話例 Dialogue

A Tamara, have you had a chance to look over my report yet?
（タマラさん、私のレポートに目を通す機会はありましたか？）

B No, not yet I'm afraid.
（すみません、まだなんです）

A If possible, I would like to go over* it with you sometime soon.
（できれば、近いうちにいっしょに検討したいんです）

B Sure. **I could make time to talk to you about it this afternoon.**
（いいですよ。今日の午後お話しする時間を作れますよ）

A Thanks, I look forward to it.
（ありがとう、よろしくお願いします）

go over ...「見直す；検討する」

●類似表現 Similar Expressions　重要表現の類似表現をいっしょに覚えよう

- I'd be able to talk it over* with you tomorrow morning.
（明日の朝、話し合えますよ）

- I will have time on Wednesday.
（水曜日なら時間があります）

- I should have some time on Thursday, but I am not sure yet.
（木曜日には時間があるはずですが、まだわかりません）

talk over ...「…について議論する」

●関連表現 Related Expressions このシーンに関連した英語を覚えよう

① 時間がなくて頼まれていたことがまだできていないことを伝える表現です

- I'm terribly sorry, but I have not had time to read your report yet.
  (ほんとうにすみませんが、レポートを読む時間がなかったんです)
- I've been too busy lately* to read your article.
  (最近忙しくて、あなたの記事はまだ読んでいないんです)
- I haven't gotten to* your article just yet, but I will soon.
  (あなたの記事はまだ読んでいませんが、すぐに読みますよ)

lately「最近」　get to ...「…に取りかかる」

② どの程度の時間を要するのかをたずねる表現です

- I have an hour free on Thursday. Will that do?*
  (木曜日に1時間空いています。それで足りますか？)
- Would an hour be enough time?
  (1時間で足りますか？)
- Do you think we can cover everything in 30 minutes?
  (30分ですべて終えられると思いますか？)

do「用が足りる」

③ 忙しくてすぐに時間が作れない場合は、以下のように言うといいでしょう

- I'm not sure when I will have time, but I will meet with* you soon.
  (いつ時間できるかわかりませんが、近いうちに会いましょう)
- I'm very busy right now, but I will let you know when I have more time.
  (いまはとても忙しいのですが、もっと時間ができたら連絡します)
- Let me get back to* you later about my schedule.
  (スケジュールについて、また改めて連絡します)

meet with ...「…と会談する」　get back to ...「…に改めて連絡する」

Unit 44 「仕事を依頼する」
Asking Someone to Do Something

●重要表現 Key Expressions

Would you mind checking over this report?
（このレポートをチェックしてもらえませんか？）

ここがポイント
英語圏のほとんどの国では、上司が部下に仕事を頼むときには命令口調でなく質問の形を取るということに注意してください。

●会話例 Dialogue

A May, are you busy at the moment?
（メイさん、いま忙しいですか？）

B No, not especially.*
（いえ、特に忙しくありませんよ）

A OK, would you mind checking over this report?
（それでは、このレポートをチェックしてもらえませんか？）

B Of course. What would you like me to look for?*
（もちろん。なにをチェックすればいいですか？）

A Please look for any spelling mistakes or formatting problems.
（スペルのミスやフォーマットの問題を探してください）

especially「特に」 look for ...「…を探す」

●類似表現 Similar Expressions　重要表現の類似表現をいっしょに覚えよう

Would you mind proofreading* this article?
（この記事の校正をしていただけますか？）

Would it be OK to have you organize* these files?
（このファイルの整理をしてもらってもいいでしょうか？）

Could you just go over these invoices?*
（この明細書をチェックしてもらえますか？）

proofread「校正する」 organize「整理する」 invoice「明細書」

● 関連表現 Related Expressions このシーンに関連した英語を覚えよう

① 仕事を頼む前に、まず相手の手が空いているかどうかたずねましょう

- Do you have time to do something for me now?
  （いま手伝ってもらえる時間はありますか？）
- Are you free to help me with* something?
  （手伝ってもらえる時間はありますか？）
- Could you stop what you are doing and help me for a while?*
  （いまやっていることを中断して、ちょっと手伝ってもらえませんか？）

help someone with ...「…に関して（人を）手伝う」　for a whole「しばらくの間」

② 依頼する仕事内容はなるべく具体的に説明しましょう

- Please check these invoices for errors.*
  （この明細書に間違いがないかどうかチェックしてください）
- Please put these files in alphabetical order.*
  （このファイルをアルファベット順に整理してください）

errors「間違い」　in alphabetical order「アルファベット順に」

③ 疑問や問題があったときに備えて、前もって次のような表現で、ひとこと声をかけておくといいでしょう

- Let me know if anything is unclear.
  （なにか不明点があったら言ってください）
- Let me know if you have any questions.
  （質問があったら言ってください）
- If anything comes up,* please call me.
  （なにか問題があったら呼んでください）

come up「（問題などが）もち上がる」

オフィスの英会話　◎第 **2** 章◎

Unit 45 「仕事を受ける／避ける」
Accepting/Refusing an Assignment

●重要表現 Key Expressions

> **Of course. What would you like me to look for?**
> (いいですよ。なにをチェックしたらいいでしょうか？)

ここがポイント
依頼された仕事を引き受けるときは、具体的な内容をはっきりさせるために自ら質問しましょう。

●会話例 Dialogue (CD 1-89)

A Jake, do you have time to check this presentation for me?
(ジェイクさん、このプレゼンテーションをチェックする時間ありますか？)

B Of course. What would you like me to look for?
(はい、もちろん。なにをチェックすればいいでしょうか？)

A Just look for spelling and punctuation* mistakes.
(スペルと句読点のミスをチェックしてください)

B I see. When do you need it back by?
(わかりました。いつまでに戻せばいいでしょうか？)

A Please send it back* to me by 2 today.
(今日の2時までに私に送ってください)

punctuation「句読法」 send back「戻す；送り返す」

●類似表現 Similar Expressions 重要表現の類似表現をいっしょに覚えよう

> Of course I can help you. What do you need?
> (もちろん手伝います。なにをすればいいでしょうか？)

> Sure. What should I do exactly?*
> (いいですよ。具体的にはなにをすればいいでしょうか？)

> Sure, I can help. What can I do for you?
> (もちろん手伝います。なにをすればいいでしょうか？)

exactly「正確に；具体的に」

仕事を請け負うときは、Of course.「もちろん」、Sure.「もちろんです」などポジティヴな返事を心がけましょう。

● 関連表現 Related Expressions このシーンに関連した英語を覚えよう

(1) 依頼された仕事内容の詳細が不明なときは、突っ込んで質問しておきましょう

- What should I do if I find a mistake?
 （間違いがあったらどうすればいいでしょうか？）

- Could you go over* that again?
 （もう一度、説明してもらえますか？）

go over「繰り返す」

(2) 依頼された仕事が終わったらどうするのかたずねる表現です

- What should I do when I finish this?
 （これが終わったらどうすればいいでしょうか？）

- Should I* give this back to you when I am done?
 （終わったらこれは戻したほうがいいですか？）

- Should I e-mail this to you when it is ready?*
 （準備できたら、メールで送ったほうがいいでしょうか？）

Should I ...?「…すべきでしょうか？」 be ready「用意ができている」

(3) 仕事を引き受けられない場合は、お詫びの言葉を添えてその理由を伝えます

- I'm very sorry, but I am too busy with another project to do anything else right now.
 （ほんとうにすみませんが、別のプロジェクトで忙しいので、いまはほかの仕事はできないんです）

- I'm afraid I am too busy to take this on.*
 （申し訳ありませんが、忙しくて引き受けられません）

- Would it be possible to assign* this to someone else, as I have a deadline* today.
 （今日は締め切りがあるので、ほかの人にやってもらうことはできますか？）

take on ...「…を引き受ける」 assign「割り当てる」 deadline「締め切り」

Unit 46 「残業を求める」

Asking Someone to Work Overtime

●重要表現 Key Expressions

Would you mind working a few extra hours today?
(今日は2、3時間残業をしてもらえますか？)

ここがポイント

残業を依頼する際には相手を不快な気分にさせないよう、気を遣った表現を使いたいものです。a few extra hours は「余分に数時間」という意味。

●会話例 Dialogue

A Cathy, our deadline* for handing this report into our client is tomorrow.
(キャシー、このレポートをクライアントに渡す締め切りは明日だよね)

B Yes, I know. (はい、そうですね)

A We still have a lot of work to do on it by then, so **would you mind* working a few extra* hours today?**
(このレポートについてはそれまでにやることがまだたくさんあるので、今日は2、3時間残業してもらえますか？)

B Sure, that is no problem. (はい、問題ないですよ)

A Thank you. I really appreciate* it. (ありがとう。ほんとうに感謝します)

deadline「締め切り」　Would you mind -ing ...?「…していただけませんか？」
extra「追加の；余分な」　appreciate「感謝する」

●類似表現 Similar Expressions　重要表現の類似表現をいっしょに覚えよう

- Would it be possible for you to stay a bit later today?
  (今日少し残ることはできますか？)

- Would it be possible for you to work some overtime* today?
  (今日は少し残業してもらえますか？)

- If you don't have another appointment,* could you stay a little later than usual?
  (ほかの予定がなければ、いつもより少し遅くまでいられますか？)

work overtime「残業する」　appointment「約束」

● **関連表現** Related Expressions このシーンに関連した英語を覚えよう

① 残業を頼む前に、まずは残業の必要な理由を伝えます

- We are behind schedule* for this project.
  （このプロジェクトはスケジュールより遅れています）

- We need to work hard or we won't get everything ready in time.*
  （みんなで頑張らないと、すべての準備が間に合わないでしょう）

behind schedule「スケジュールより遅れて」 in time「間に合って」

② どうしても残業が必要なときには、次のような表現で依頼します

- I'm sorry to have to ask you this, but I need you to work overtime today.
  （こんなことをお願いしなければならなくてすみませんが、今日は残業してもらわなくてはならないんです）

- Unfortunately,* we are all going to have to put in some overtime* today.
  （残念ながら、今日はみな残業してもらわなくてはなりません）

- I'm afraid you will have to stay at the office a while* longer today.
  （残念ながら、今日はしばらく残業してもらわなければなりません）

unfortunately「残念ながら」 put in overtime「残業する」 a while「しばらく」

③ 残業を引き受けてもらったら、感謝の気持ちが伝わるひとことを忘れずに

- I really appreciate your extra effort.*
  （余分にがんばってもらえてほんとうに感謝してます）

- That is very helpful.*
  （とても助かります）

- You're a real lifesaver.*
  （ほんとうに助かります）

effort「努力」 helpful「役立つ」 lifesaver「命の恩人；救いの手」

オフィスの英会話 ◎第 **2** 章◎

Unit 47 「残業を受け入れる／避ける」
Accepting/Refusing Overtime

● 重要表現 Key Expressions

> **I'm afraid I have another appointment tonight, but I can stay for a while.**
> （残念ながら今日はほかの予定があるのですが、少しならいられます）

ここがポイント
残業を引き受けられないときは、ていねいな表現で断るようにしましょう。またその理由も説明するのが礼儀です。時間に限定をつけて残業を受け入れる表現も覚えておくと便利です。

● 会話例 Dialogue

A Sarah, do you think you could stay a bit later today to finish this design?
（サラさん、このデザインを完成させるのに今日少し残業してもらえますか？）

B I'm afraid I have another appointment* tonight, but I can stay for a while.
（残念ながら今日はほかの予定があるのですが、少しならいられます）

A Could you stay just an extra half hour?
（30分だけでも残ってくれますか？）

B Yes, that I can do.
（はい、それならできますよ）

A Thanks, that should* be enough time.
（ありがとう、それで十分なはずです）

---

appointment「予定；約束」　should ...「…であるはずだ」

● 類似表現 Similar Expressions　重要表現の類似表現をいっしょに覚えよう

- I can stay until 6.
  （6時までいられます）

- If it's just 30 minutes or so,* I can stay.
  （30分ぐらいだけならいられます）

- I can come to work early tomorrow if that helps.
  （もしそれでもよければ、明日早く来ることができます）

... or so「…くらい；…かそこら」

●関連表現 Related Expressions このシーンに関連した英語を覚えよう

① 残業を引き受けるときは次のような表現も使えます

- I don't have another appointment, so it is no problem for me to stay later.
  (ほかに予定がないので、残るのは全然問題ありません)

- It's no problem at all to work later today.
  (今日残業するのは全然問題ありません)

- I don't mind* working later than usual.*
  (いつもより遅くなってもかまいません)

don't mind「気にかからない；問題ない」　than usual「いつもより」

② 残業を断るときはお詫びのひとことを忘れずに

- I'm terribly sorry, but it is really not possible for me to work overtime today.
  (大変申し訳ありませんが、今日残業するのは無理なんです)

- Unfortunately,* it is not possible* for me to stay.
  (あいにくですが、今日残業するのは無理です)

unfortunately「残念ながら」　possible「可能な」

③ 残業を断る場合は理由も説明しましょう

- I'm afraid I have another appointment right after* leaving here.
  (申し訳ないのですが、会社を出たらすぐ予定があります)

- I'm sorry, but I have an urgent* matter to take care of* after work.
  (すみませんが、仕事のあと緊急でやらなければならない用事があるのです)

- I need to pick up* my children after work.
  (仕事のあと子供を迎えにいかなければならないんです)

right after ...「…のあとすぐ」　urgent「緊急の」　take care of ...「…に対処する」
pick up「迎えにいく；車で拾う」

Unit 48 「相手のスケジュールを確認する」
Checking Someone's Schedule

●重要表現 Key Expressions

How does Wednesday afternoon look for you?
（水曜日の午後はどうですか？）

ここがポイント
社内の同僚などのスケジュールを確認したり、調整し合ったりする場面では、社外の人との会話の場合よりもカジュアルな表現が好まれます。

●会話例 Dialogue

A So, Holly, when should we go over the report?
（ホーリーさん、レポートの相談はいつしましょうか？）

B I'm a bit busy today, so later in the week would be better.
（今日はちょっと忙しいので、今週のあとのほうがいいのですが）

A How does Wednesday afternoon look for you?
（水曜日の午後はどうですか？）

B Yes, that should be fine.
（はい、大丈夫そうです）

A Let's say* Wednesday at 3, then.
（それでは水曜日の3時にしましょう）

Let's say ...「例えば…」

●類似表現 Similar Expressions 重要表現の類似表現をいっしょに覚えよう

- Would Thursday morning be OK for you?
  （木曜日の朝でいいですか？）
- How about Friday at noon?
  （金曜日の12時はどうですか？）
- Are you free* on Friday afternoon?
  （金曜日の午後は空いていますか？）

free「空いている」

● 関連表現 Related Expressions このシーンに関連した英語を覚えよう

① 相手の空いている時間をたずねる表現です

When can we go over* the proposal?*
（いつ企画の検討をしましょうか？）

When are you free to work on the seminar materials together?
（いっしょにセミナーの資料の準備をするのに、いつが空いていますか？）

When would be a good time for you to practice the presentation?
（プレゼンテーションの練習はいつがいいですか？）

go over「検討する」 proposal「企画；提案」

上記の表現はいずれもカジュアルですので、上司や他社の人などとていねいに話す必要のある場合は、Unit 6 の表現を参考にしましょう。

② より具体的な時間を決めたり、伝えたりする言い方です

Let's plan on late Thursday afternoon, then.
（では木曜日の午後遅めにしましょう）

Let's make it* Monday at noon.
（月曜日の正午にしましょう）

I'll talk to you first thing* Monday morning, then.
（それでは月曜日の朝一で話しましょう）

Let's make it ...「…にしましょう」 first thing「まず最初に」

③ ミーティングや作業にどのくらい時間が必要かも確認しておきましょう

How much time do you think we are going to need for this?
（これにどのぐらい時間がいると思いますか？）

How much time can you spare?*
（どのぐらいの時間がありますか？）

spare「（時間を）割く」

Unit 49 「報告・連絡・相談する」
Reporting, Contacting and Consulting

●重要表現 Key Expressions

I found that our total sales rose by 3% last year.
（昨年のわが社の総売り上げが3％上昇したことがわかりました）

ここがポイント
同僚や上司への報告や情報の共有が必要な場合には、わかりやすく、また役立つ情報も付加しながら伝えることが重要です。仕事に問題のあるときに使える相談の表現も覚えておきましょう。

●会話例 Dialogue

A Ellen, here is the report I have been working on.
（エレン、私の書いていたレポートです）

B Thank you. What kind of findings did you make?*
（ありがとう。どんなことがわかりましたか？）

A Well, **I found that our total sales rose by 3% last year.**
（ええと、昨年のわが社の総売り上げが3％上昇したことがわかりました）

B Oh, that's good. Anything else?
（ああ、それはよかった。ほかには？）

A Our sales for last month were 4% below target.*
（先月の売り上げは目標値より4％低かったです）

> make findings「見つける；調べてわかる」 target「目標」

●類似表現 Similar Expressions　重要表現の類似表現をいっしょに覚えよう

- I discovered that total sales were below target.
（総売り上げが目標値より低かったことがわかりました）

- I found that our total number of orders has decreased.*
（注文の総数が減っていることがわかりました）

- It seems our operating costs* have increased.*
（わが社の操業コストが増えている様子です）

> decrease「減少する」　operating cost「操業コスト」　increase「増える」

● **関連表現** Related Expressions このシーンに関連した英語を覚えよう

① 会議でどのようなことがあったかを報告する表現です

- In our meeting yesterday we resolved* to hire a new web designer.
  (昨日のミーティングでは、新しいウェブデザイナーを雇うことに決まりました)
- We had a meeting and decided to launch a new advertising campaign.*
  (昨日会議を開いて、新しい広告キャンペーンを始めることに決めました)

resolve「決定する」　launch a campaign「キャンペーンを始める」

② 仕事に関する新たな情報が入ったら同僚や上司に伝えましょう

- We got two new orders* yesterday.
  (昨日新しい注文が2件入りました)
- Our sales are up by 10%.
  (わが社の売り上げは10％上昇しました)
- We are over* budget on this project.
  (このプロジェクトでは予算を超えています)

get an order「注文を受ける」　over ...「…を超える」

③ 仕事に問題がある場合など、同僚や上司に相談する表現です

- What should we do to avoid going over budget?
  (予算を超えるのを避けるためにどうすればいいでしょうか？)
- How can we finish by the deadline?
  (どうやれば締め切りまでに終えられるでしょうか？)
- Do you think I have to completely redo* the report?
  (レポートを完全に書き直さないといけないと思いますか？)

redo「やり直す」

オフィスの英会話　第 **2** 章

Unit 50 「報告を受ける／確認する」
Accepting and Confirming Information

●重要表現 Key Expressions

Thank you for bringing that to my attention.
(教えてくれてありがとう)

ここがポイント
情報を教えてもらったり、報告を受けたりした場合に必要な受け答えの表現を見ていきましょう。

●会話例 Dialogue

A Ellen, I found a problem when I was doing the accounting.*
(エレン、経理をやっていて問題が見つかりました)

B Is that so? What did you find?
(そうなの？ なにが見つかったの？)

A I found we are already 10% over our advertising budget.
(広告予算をすでに10％超えているんです)

B I see. **Thank you for bringing that to my attention.***
(わかったわ。教えてくれてありがとう)

---
accounting「経理」 bring one's attention to ...「注意を…に向ける」

●類似表現 Similar Expressions 重要表現の類似表現をいっしょに覚えよう

Thank you for telling me about that.
(教えてくれてありがとう)

Thank you for letting me know.
(教えてくれてありがとう)

Thank you for catching* that.
(見つけてくれてありがとう)

---
catch「(情報などを) 得る；つかむ」

●関連表現 Related Expressions　このシーンに関連した英語を覚えよう

① 情報の出所をたずねる表現です

📶 How did you come across* that information?
（どうやってその情報を得たんですか？）

📶 Where did you get that data?
（どこでそのデータを得たんですか？）

📶 How do you know that?
（どうしてそれを知っているんですか？）

🏷️ come across「（偶然）見つける；出くわす」

② 情報が確かかどうかをたずねる表現です

📶 You're absolutely* certain about* that?
（それは絶対に確かなことですか？）

📶 Are you sure?
（確かですか？）

📶 Is that really so?
（ほんとうにそうなんですか？）

🏷️ absolutely「絶対に」　be certain about ...「…を確信している」

③ 情報をすでに知っていた、または知らなかった、と伝える表現です

📶 I'm already aware of* that fact.
（すでにそのことは知っていました）

📶 I hadn't known about that.
（それについては知りませんでした）

🏷️ be aware of ...「…を知っている」

Unit 51 「また聞きの事実を述べる」
Making Sense of Hearsay

●重要表現 Key Expressions

I heard we are supposed to come out with a new product soon.
(もうすぐ新製品を発売することになっていると聞いたのですが)

ここがポイント
事実かどうか不確かなことについて話すときには、相手に誤解を与えないように気をつけましょう。

●会話例 Dialogue

A Emily, do you know anything about a possible product release?*
(エミリーさん、これから発売の可能性のある製品についてなにか知っていますか？)

B Why do you ask?
(どうしてそんなことを聞くんですか？)

A **I heard that we are supposed to* come out with a new product soon, but I am not sure if it was true or not.**
(もうすぐ新製品を発売することになっていると聞いたのですが、それが事実かどうかわからないので)

B Actually, it is. There will be an official announcement next week.
(実はそうなんです。来週、公式にアナウンスする予定です)

---
release「発売」 be supposed to ...「…することになっている」

●類似表現 Similar Expressions 重要表現の類似表現をいっしょに覚えよう

- I heard we may start working with a new PR firm.
  (新しいPR会社と協力することになるかもしれないと聞きました)
- I heard we are supposed to start a new advertising campaign soon.
  (もうすぐ新しく広告キャンペーンを始めることになっていると聞きました)
- I heard from Ellen that we might be moving to a new office.
  (新しいオフィスに移動になるかもしれないとエレンから聞きました)

●関連表現 Related Expressions このシーンに関連した英語を覚えよう

① また聞きの情報で真偽が不確かなときに使える表現です

- It is just hearsay,* so I am not sure if it is true or not.
  （また聞きだから、ほんとうかどうかわかりません）
- It's just a rumor,* so it may not be true.
  （噂だから、事実ではないかもしれません）
- That is just what I heard. I am not sure if it is true.
  （そう聞いたけど、ほんとうかどうかわかりません）

> hearsay「噂；風聞」　rumor「噂」

② 相手がまた聞きした情報が事実であることを伝える表現です

- Actually, that is true.
  （実は、そのとおりです）
- What you heard is correct.*
  （あなたが聞いたことは正しいですよ）
- Yes, that is what we are planning to do.
  （はい、そのようにする予定なんです）

> correct「正確な」

③ また聞きの情報が事実でないと知っているときには、次のように伝えましょう

- Actually, that is not true.
  （実はそれは事実ではありません）
- I heard that rumor too, but it is not true.
  （私もその噂を聞いたけど、事実ではありません）
- We were thinking of doing that, but we decided against* it.
  （そうしようかと考えていましたが、やめることにしました）

> decide against ...「…をしないことに決める」

Unit 52 「内密の話をする」

Talking about a Private Matter

●重要表現 Key Expressions

Please don't mention this to anyone until we make an official announcement.
(このことは公式に発表するまでだれにも話さないようにしてください)

ここがポイント
機密事項について話すときには、まずは重要表現のような言い方で、これから話すことは内密にするよう釘を刺してから話を始めましょう。

●会話例 Dialogue

A John, can I speak to you for a moment?
(ジョン、いまちょっと話しても大丈夫ですか？)

B Yes, of course.
(はい、もちろん)

A Please don't mention* this to anyone until we make an official announcement.*
(このことは公式に発表するまでだれにも話さないようにしてください)

B Yes, of course. What is it?
(はい、もちろんです。なんでしょうか？)

A We will be moving to a new office next month and I need your help planning the move.
(来月新しいオフィスに移転するので、その準備を手伝ってもらいたいのです)

---

mention ... 「…のことを言う；言及する；触れる」　official announcement 「公式発表」

●類似表現 Similar Expressions　重要表現の類似表現をいっしょに覚えよう

- Don't talk about this with anyone under any circumstances.*
  (これは、なにがあってもほかの人に話さないでください)

- Please keep this absolutely* confidential.*
  (これは絶対内密にしてください)

- Don't spread* this around the office.
  (これはオフィスに広めないようにしてください)

---

under any circumstances 「どんな状況でも；どうしても」　absolutely 「絶対に」
confidential 「秘密の」　spread 「広める」

●関連表現 Related Expressions このシーンに関連した英語を覚えよう

(1) 内密に話をしたいと伝える表現です

- Could I speak to you confidentially?*
  (内密にお話しできませんか？)
- Could I speak to you privately?*
  (ふたりだけでお話しできませんか？)
- Can we have a word* one-to-one?*
  (ふたりだけで話せませんか？)

confidentially「内密に」　privately「個人的に」　have a word「話す」
one-to-one「ふたりだけで」

(2) 機密事項がすでに噂になっている場合には次のように話を切り出します

- You might have heard the rumor that we are restructuring.*
  (わが社でリストラをする噂を聞いたかもしれませんが)
- You might know that we are going to have to cut some of our staff.
  (スタッフの何人かをカットすることを知っているかもしれませんが)

restructure「リストラする」

(3) 内密な話を締め括るときには以下のような表現で念を押しておきましょう

- Thank you for keeping this matter confidential.
  (この件を内密にしてもらう件、よろしくお願いします)
- Please remember that this is a very sensitive issue.*
  (これはデリケートな問題なのを忘れないでください)
- I think you understand why it is important to keep this under wraps* for now.
  (このことをなぜ話さないほうがいいかわかってもらえたと思います)

sensitive issue「デリケートな問題」　keep ... under wraps「…を内密にする」

オフィスの英会話　第 **2** 章

Unit 53 「指示を仰ぐ」

Asking for Instructions

●重要表現 Key Expressions

How would you like me to print them?
（どのように印刷すればいいでしょうか？）

ここがポイント
How would you like ...?「どのように…すればいいですか？」、あるいは、How should I ...?「どのように…すべきでしょう？」といった表現を使って、詳しい指示を仰ぎましょう。

●会話例 Dialogue

A Michael, could you help me for a moment?
（マイケル、ちょっと手伝ってもらえますか？）

B Sure, Melinda. What is it?
（いいですよ、メリンダ。なんですか？）

A I'm preparing the handouts* for your presentation. **How would you like me to print them?**
（あなたのプレゼンテーションのハンドアウトを準備しているんですけど、どのように印刷すればいいでしょうか？）

B To keep things simple, try to make the info* I sent you fit* on one page.
（シンプルにするために、送ってある情報を1ページに入れるようにしてください）

A I got it.* I'll do that and have you check a sample before I print it.
（わかりました。そうします。印刷する前にサンプルをチェックしてもらいますね）

---

handout「ハンドアウト；資料」 info「情報（information の略）」
fit「（大きさなどが）合う；収まる」

●類似表現 Similar Expressions 重要表現の類似表現をいっしょに覚えよう

- How should I organize* the information?
  （情報をどうやって整理するのがいいでしょうか？）

- What's the best way to do the layout?
  （レイアウトはどうしたらいちばんいいでしょうか？）

- What should I do when I finish this?
  （これが終わったらなにをすればいいでしょうか？）

---

organize「整理する」

●関連表現 Related Expressions このシーンに関連した英語を覚えよう

① 具体的な指示を仰ぐ前に次のような表現で声をかけましょう

- Could I ask you something quickly?
（ちょっとお聞きしてもいいですか？）

- I just want to clarify* a point.
（ひとつ確認したいことがあるのですが）

- Can I just get your opinion on something?
（ご意見を聞かせてもらえますか？）

clarify「明確にする」

② 次のような表現で指示が理解できたことを伝えましょう

- I understand what you would like me to do.
（なにをしてほしいのか、わかりました）

- Thanks, I know what I should do now.
（ありがとう、どうすればいいかわかりました）

- I understand what you mean.*
（おっしゃる意味がわかりました）

mean「意味する」

相手に質問して返事をもらったら、きちんと相手の指示を理解したことを伝えましょう。

③ 指示されたことが終わったあとの次のステップについても聞いておくといいでしょう

- Would you like to see this again before I finish?
（完成する前にもう一度ご覧になりますか？）

- Should I e-mail* this to you when I am finished?
（準備できたら、メールで送ったほうがいいでしょうか？）

e-mail「Eメールで送る」

Unit 54 「判断を伝える／指示する」
Making Decisions/Giving Instructions

●重要表現 Key Expressions

There are a few areas that are problematic.
（いくつか問題のある箇所がありますね）

ここがポイント
指示を出すときには、変更や改善すべき点を具体的に伝えましょう。なにが問題なのかも併せて説明すれば、指示をもらうほうも理解しやすくなります。

●会話例 Dialogue

A Steve, did you have the chance to check over my outline for the presentation?
（スティーヴ、プレゼンのアウトラインをチェックしてもらう機会はありましたか？）

B Yes. **There are a few areas that are problematic.**＊
（うん。いくつか問題のある箇所がありますね）

A Oh, really? Do you have any advice for me?
（そうですか？ なにかアドバイスはありますか？）

B Well, you need to schedule some more time for the Q&A session. Fix＊ the schedule and give it back to me by tomorrow.
（質疑応答にもっと時間を取っておく必要があるでしょう。進行予定を修正して明日までに渡してください）

> problematic「問題のある」 fix「修正する」

●類似表現 Similar Expressions　重要表現の類似表現をいっしょに覚えよう

- There are some serious＊ problems with your report.
  （あなたのレポートには重大な問題があります）
- There are a few things you'll have to change.
  （変更しなければならない点が少々あります）
- This may cause＊ some problems.
  （ここが問題になるかもしれないね）

> serious「重大な」 cause「引き起こす」

● **関連表現** Related Expressions このシーンに関連した英語を覚えよう

① やり直しを指示する表現です

- You'll have to completely redo* this.
（これは完全にやり直さないといけないでしょう）
- You definitely have to make the Q&A session longer.
（絶対に質疑応答はもっと長くしないといけません）
- You need to start this over* from the beginning.*
（はじめからやり直す必要があります）

redo「やり直す」　start over「やり直す」　from the beginning「最初から」

② 問題点を指摘し、指示を与える表現です

- Go over* this part again.
（この部分をもう一度見直してください）
- Consider the situation a little more closely* and then rewrite* this part.
（もう少し状況をよく考えて、この部分を書き直してください）

go over「調べる；見直す」　closely「綿密に」　rewrite「書き直す」

③ 期限を切って指示を与えるときには次のような表現が使えます

- Make a new draft* of the report and get it to me by this afternoon.
（今日の午後までに新しいレポートの下書きを作って持ってきてください）
- Redo the schedule by tomorrow morning.
（明日の朝までにスケジュールをやり直してください）
- Deal with* this as soon as possible.
（これについてはなるべく早く対処してください）

draft「下書き」　deal with ...「…に対処する」

Unit 55 「要望を伝える／改善を指示する」
Giving Instructions for Improvement

●重要表現 Key Expressions

It could use some more details.
(もっと詳しい情報がほしいですね)

ここがポイント
改善や要望などを指示するときには、具体的なアドバイスや提案といっしょに、それがどのような効果をもたらすのかも加えて話してあげるのがベターです。類似表現で例をチェックしましょう。

●会話例 Dialogue

A Natasha, can I give you my critique* of the report you wrote?
(ナターシャ、あなたのレポートにコメントしてもいいですか？)

B Yes, of course.
(はい、もちろんです)

A On the whole* the report is very good, but it **could use* some more details.**
(レポートは基本的にとてもいいけど、もっと詳しい情報が欲しいですね)

B I see.
(わかりました)

A Also, could you add some charts* to make the data easier to understand?
(あと、データをもっとわかりやすくするために図表を入れてもらえますか？)

---

critique「批評」　on the whole「概して」　could use「…が欲しい；望まれる」
chart「図表」

●類似表現 Similar Expressions　重要表現の類似表現をいっしょに覚えよう

- The presentation would be easier to understand if you included* some more graphs.
  (もっと図表を入れれば、プレゼンテーションがわかりやすくなりますよ)

- Your presentation would be easier to follow* if you made it a bit shorter.
  (プレゼンテーションをもう少し短くすれば、わかりやすくなりますよ)

- The main points of your presentation would be easier to understand if you include more examples.
  (もっと例を入れれば、プレゼンテーションのポイントがわかりやすくなります)

---

include「含む」　follow「理解する；話を追う」

● 関連表現 Related Expressions このシーンに関連した英語を覚えよう

① 改善点を指示する前に、まずは相手の仕事のいいところを評価してあげると効果的です

- Basically, your report is very thorough.*
  (基本的には、レポートはとても綿密にできていますね)

- You've done a very good job with your report.
  (レポートをうまくまとめてくれましたね)

- You've come up with* a very detailed report.
  (とても詳しいレポートを作りましたね)

thorough「綿密な」　come up with ...「…を思いつく；作る」

② シンプルに変更の指示を与える表現のバリエーションです

- I think it needs* more examples.
  (もっと例を入れる必要があると思います)

- The report needs to* be a bit shorter.
  (レポートを少し短くする必要があります)

need「必要とする」　need to ...「…する必要がある」

③ 次のように、自分としてもフォローをする意志があることも伝えましょう

- Let me know if you need any more feedback.
  (もっとフィードバックが必要なら、声をかけてください)

- If you run into* any more problems, you just need to ask me for help.
  (もしもっと問題が出てきたら、私に相談してください)

- If you need some help, just come to me.
  (手伝うことがあったら、相談してください)

run into ...「…に出くわす；ぶつかる」

Unit 56 「アドバイスする」

Giving Advice

● 重要表現 Key Expressions

📢 You could organize a brainstorming session with some of the staff.
（ほかのスタッフを集めてブレインストーミングをしてもいいですね）

👉 ここがポイント
相談を受けたときのアドバイスにも、強い表現や弱い表現などいろいろなバリエーションがあります。時には、回避すべき事柄などを強い口調でアドバイスする必要もあるかもしれません。

● 会話例 Dialogue

A I'm putting together* the workshop for next month, and I am not really sure where to start.
（来月のワークショップの準備をしているけど、なにから手を着ければいいのかわからないんです）

B You could organize a brainstorming session with some of the staff.
（ほかのスタッフを集めてブレインストーミングをしたらどうですか？）

A That's a great idea. I wonder how many people I should invite.
（それはいいですね。何人くらい集めたらいいでしょうね）

B You don't want to bring in* too many people, because then it is hard to organize.* You had better just invite three or four people.
（まとめにくくなるから大人数を呼ばないほうがいいでしょうね。3、4人でいいでしょう）

A Thanks. I'll do that.
（ありがとう。そうします）

---

put together「作る；組み立てる」　bring in「呼び寄せる」
organize「まとめる；整理する」

● 類似表現 Similar Expressions　重要表現の類似表現をいっしょに覚えよう

📢 Why don't you organize a meeting with everyone?
（みんなを集めてミーティングをするのはどうでしょうか？）

📢 You could send an e-mail to everyone asking their opinion.
（みんなに意見を聞くメールを送ったらどうですか？）

📢 What about asking Aaron if he has any ideas?
（アーロンにアイデアがあるかどうか聞いたらどうですか？）

●関連表現 Related Expressions このシーンに関連した英語を覚えよう

① 自分が相手の立場だったらと考えてアドバイスする表現もあります

- If I were you, I would ask someone for help.
  (私があなたの立場だったら、だれかに手伝ってもらうように頼みますね)
- I think you should find someone to team up with.*
  (いっしょにやってくれる人を探したほうがいいと思います)

> team up with ...「…とともに働く」

② 避けるべき点を注意するアドバイスです

- You don't want to* make the workshop too long.
  (ワークショップが長くなりすぎないようにしてください)
- You shouldn't bring in too many people.
  (あまり大人数を呼ばないようにしてください)
- You should avoid* handing out too many materials* during the workshop.
  (ワークショップのときに資料をたくさん渡しすぎないようにしてください)

> You don't want to ...「…しないほうがいいてしょう」 avoid「避ける」 materials「資料」

③ 強い口調でアドバイスする必要があるときには下記の表現を参考にしてください

- You definitely* have to start as soon as possible.
  (絶対に、できるだけ早く始めなければいけませんよ)
- You had better* decide on the number of participants* as soon as possible.
  (できるだけ早く参加者の人数を決めるべきです)
- The first thing you have to do is set the date.*
  (まずやらなくてならないことは日程を決めることですね)
- You have got to make the seminar useful for everyone attending.
  (セミナーが出席者みんなに役立つようにしなければね)

> definitely「絶対に」 had better ...「…したほうがいい；…しないと困ったことになる」
> participant「参加者」 set the date「日にちを決める」

オフィスの英会話 ◎ 第 2 章 ◎

Unit 57 「許可を求める／許可する」
Asking for Permission/Giving Permission

●重要表現 Key Expressions

Would it be alright to use the meeting room?
（会議室を使ってもいいですか？）

ここがポイント
かんたんな許可を取る場面では、ややカジュアルな表現を使えばOKです。ただし、より重大な事柄で許可を求める場合には、よりていねいな言い回しを心がけましょう。

●会話例 Dialogue (CD 2-23)

A Would it be alright to use the meeting room?
（会議室を使ってもいいですか？）

B Actually, Steven has it booked from 2.
（実は、スティーブンが2時から予約してるんです）

A Is it OK if I use it until 2?
（2時までなら使ってもいいですか？）

B I don't see why not.*
（問題ないですよ）

A I'll need the projector too.
（プロジェクターも使う必要があるのですが）

B Sure, that's no problem at all.
（はい、大丈夫ですよ）

I don't see why not.「問題ないと思う（ダメだという理由が見当たらない）」

●類似表現 Similar Expressions　重要表現の類似表現をいっしょに覚えよう

- Would you mind if I turned on some music?
  （音楽を流してもいいですか？）

- Would it be a OK for me to use the copier now?
  （いまコピー機を使ってもいいですか？）

- Would it be OK for me to use this computer for a while?
  （少しこのパソコンを借りてもいいですか？）

●関連表現 Related Expressions このシーンに関連した英語を覚えよう

① ごく一般的な用件で許可を得たいときは、次のようなカジュアルな表現で OK です

- Is it OK if I pop out* to buy a coffee?
  （ちょっとコーヒーを買いにいってもいいですか？）

- Would it be OK for me to make a phone call?
  （電話をかけても［借りても］いいですか？）

- Is it alright if I just step out* to the restroom?
  （ちょっとトイレに行ってもいいですか？）

pop out / step out 「少し外出する；席を外す」

② 相手に不都合になりそうなことで許可を得るときの表現です

- You don't mind if I sit here, do you?
  （ここに座ってもかまいませんか？）

- Will you be alright if I open the window for a while?
  （しばらく窓を開けても大丈夫ですか？）

- Would you mind if I used your computer for just a second?*
  （あなたのパソコンをちょっとだけ使ってもいいですか？）

for just a second 「ほんの少しの間だけ」

③ 快く相手の求めに許可を与える表現です

- By all means.*
  （ぜひどうぞ；どうぞどうぞ）

- Sure, that is fine.
  （もちろんいいですよ）

- Of course you can.
  （もちろんいいですよ）

by all means 「ぜひとも；もちろん」

Unit 58 「感謝する／感謝への返事」
Expressing Gratitude/Accepting Gratitude

●重要表現 Key Expressions

I appreciate your help a lot.
（手伝っていただきほんとうに感謝します）

ここがポイント
社内で同僚がなにかの加勢をしてくれたとき、手伝ってくれたとき、気づかってくれたときには、心から感謝の言葉を伝えましょう。感謝も大事なコミュニケーションのひとつです。

●会話例 Dialogue

A Megan, how did your presentation go today?
（メーガン、今日のプレゼンテーションはどうでしたか？）

B It went really well, thanks to you.
（おかげさまでよくできました）

A Oh, I just gave you a bit of* advice.
（私はちょっとアドバイスしただけですよ）

B No, really, **I appreciate your help a lot.**
（いえいえ、手伝っていただきほんとうに感謝します）

A Well, you're welcome* anytime.
（いつでも相談してくださいね）

---

a bit of「少々の；ちょっとした」　welcome「大歓迎の」

●類似表現 Similar Expressions　重要表現の類似表現をいっしょに覚えよう

I'm really glad I had your help.
（手伝ってもらえてほんとうによかったです）

Your advice really helped me a lot.
（あなたのアドバイスはほんとうに役に立ちました）

It was a good thing that you had time to help* me.
（手伝っていただく時間があってよかったです）

---

have time to help「手伝う時間がある」

●関連表現 Related Expressions このシーンに関連した英語を覚えよう

① 具体的な内容を含めて感謝を伝える表現です

- The seminar was a big success thanks to you.
  （おかげで、セミナーは大成功でした）

- Your advice really made the deal* possible.
  （あなたのアドバイスのおかげで取引できました）

- All the work you did on the presentation was really valuable.*
  （プレゼンのためにあなたにやってもらったことは、実に役立ちました）

deal「取引」　valuable「貴重な；有益な」

② 相手への感謝の気持ちを特に強調したいときは次のような表現を使いましょう

- I would have never been able to pull through* without your help.
  （あなたの助けがなかったら、最後までがんばれなかったでしょう）

- I couldn't have done it without you.
  （あなたがいなかったら、できなかったでしょう）

- What would I have done without you?
  （あなたがいなかったら、私はどうなっていたことか）

pull through「最後までがんばって切り抜ける」

③ 感謝の言葉に対して謙遜して答える表現です

- What I did was really nothing.* You did all the work.
  （私がやったことはたいしたことありません。あなたがすべてやったんですよ）

- All I did was help you out* a bit.
  （私は少し手伝っただけですよ）

nothing「どうってことのないこと」　help out「（困っている人を）助ける」

Unit 59 「ほめる／ほめ言葉の返事」
Giving Praise/Responding to Praise

● 重要表現 Key Expressions

📊 You've done a really excellent job with this project.
(このプロジェクトではほんとうによくやってくれましたね)

👉 ここがポイント
よくやった部下や同僚には、フィードバックといっしょにほめ言葉を投げかけてあげましょう。ほめ言葉への返事の仕方も覚えましょう。

● 会話例 Dialogue
(CD 2-27)

A Patrick, were you able to review* my proposal?*
(パトリックさん、私の企画を検討してもらえましたか？)

B Yes, I have. **You've done a really excellent job with this project.**
(はい。このプロジェクトではほんとうによくやってくれましたね)

A Oh, thank you. I did my best.*
(ありがとう。がんばりました)

B Everything came out even better than I hoped it would.
(思っていたよりもずっとよくできていました)

A That is nice of you to say.
(そう言っていただきありがとうございます)

🔖 review「調べる；検討する」 proposal「提案；企画」 do one's best「ベストを尽くす」

● 類似表現 Similar Expressions　重要表現の類似表現をいっしょに覚えよう

📊 You have turned out* a perfect* proposal.
(完璧な企画書を書きましたね)

📊 You really did a great job with this.
(これについては、ほんとうによくやってくれましたね)

📊 Your work is great as always.*
(いつものように、よくやってくれましたね)

🔖 turn out「作り出す」 perfect「完璧な」 as always「いつもどおりに」

●関連表現 Related Expressions このシーンに関連した英語を覚えよう

① 期待以上によくやってくれた相手に対して使う表現です

- You did a lot more work than I was expecting.
  （期待していたより多くのことをやってくれましたね）
- You really went above and beyond the call of duty* on this.
  （要求される以上のことをやってくれましたね）

> above and beyond the call of duty「要求される以上に」もとはアメリカの軍隊で使われている言葉

② 相手のスキルなどの進歩をねぎらう表現です

- Your writing skills have really improved.*
  （ライティングスキルがほんとうによくなりましたね）
- You are working much more efficiently* now.
  （いまやずっと効率的に仕事をしていますね）
- You have developed* good leadership skills.*
  （リーダーシップのスキルがアップしましたね）

> improve「改善する」　efficiently「効率的に」　develop「発達させる」
> leadership skills「リーダーシップ（のスキル）」

③ ねぎらいの言葉に対しては次のように答えましょう

- I'm happy you are pleased with* my work.
  （私の仕事に満足していただきうれしいです）
- Thank you for saying so.
  （そう言っていただき、ありがとうございます）
- I'm glad you think my skills are improving.
  （私のスキルが上がっていると思っていただき、うれしいです）

> be pleased with ...「…に満足している」

Unit 60 「激励する／激励への返事」
Giving Encouragement

● 重要表現 Key Expressions

You are well prepared, so I'm sure you will do fine.
（よく準備してあるから、きっとうまくできますよ）

ここがポイント
英語圏では、相手を激励する言葉をとてもよく使います。激励するときには、相手の長所やいままでの仕事ぶりなどを評価、指摘しながら、自信をもたせてあげるようにするのがポイントです。

● 会話例 Dialogue

A I'm a little worried about the presentation I am giving tomorrow.
（明日の私のプレゼンテーションのことがちょっと心配なんです）

B Why do you say that?
（なぜそんなことを言うんですか？）

A There will be over 50 people there. I have never done a presentation before that many people before.
（50人以上がいるんですよ。そんな大人数の前でプレゼンをしたことは一度もありません）

B It is not really different from doing a presentation for a small group. **You are well prepared,* so I'm sure you will do fine.**
（少人数の前でやるのとあまり違いませんよ。よく準備してあるから、きっとうまくできますよ）

A Thanks. That helps. （ありがとうございます。心強いですね）

---

prepare「準備する」

● 類似表現 Similar Expressions　重要表現の類似表現をいっしょに覚えよう

- You always do a good job with presentations and I am sure tomorrow will be no different.
（プレゼンではいつもうまくやっているから、明日も同じようによくできると思いますよ）

- Your writing skills have improved* a lot, so they are definitely going to like your proposal.
（ライティングスキルがすごく向上したから、企画書はきっと気に入ってもらえますよ）

- You know your stuff,* so you have nothing to worry about.
（あなたはやるべきことがわかっているんだから、心配することはなにもありませんよ）

---

improve「改善する；上達する」　　know one's stuff「自分のやるべきことを心得ている」

●関連表現 Related Expressions このシーンに関連した英語を覚えよう

① 相手が緊張しているようなら、次のようなフレーズで励ましましょう

- Giving a presentation isn't really that difficult.
  (プレゼンをやるのはそんなに難しくありませんよ)
- Making a speech doesn't have to be stressful.*
  (スピーチするのは緊張することじゃありませんよ)

> stressful「緊張の多い；ストレスになる」

② 相手をサポートし、応援する用意があることを伝えましょう

- I'm here to help you* if you need it.
  (必要なら力になりますよ)
- We'll all be at the presentation to support you.
  (私たちみんなが応援しにプレゼンに行きますよ)
- Should you* need any help, we are here for you.
  (もし手伝う必要があれば私たちがいますよ)

> I'm here to help you.「力になりますよ」　Should you ...「もし…なら」

③ 相手に自信をつけさせる表現のバリエーションです

- I'm sure you will do fine.
  (きっとうまくできると思います)
- We all have a lot of confidence* in you.
  (私たちはあなたの力を信じていますよ)
- You'll get through* it just fine.*
  (あなたならうまく乗り切れますよ)

> confidence「信頼；自信」　get through「うまくやる；乗り切る」
> just fine「うまく；上手に」

Unit 61 「不満を述べる／不満への対応」
Expressing Dissatisfaction/Responding to a Complaint

●重要表現 Key Expressions

Unfortunately, there were a lot of problems with your work.
(残念ながら、あなたの仕事には問題がいっぱいありました)

ここがポイント
ここでは、同僚や部下が問題を起こしたり不十分な仕事をした場合に不満を伝える表現を見ていきましょう。

●会話例 Dialogue

A Emily, I need to speak to you about your report.
(エミリーさん、レポートのことで話があるんですが)

B Yes, of course.
(はい、もちろん)

A Unfortunately, there were a lot of problems with your work.
(残念ながら、あなたの仕事には問題がいっぱいありました)

B I'm really sorry about that. What sort of problems?
(ほんとうにすみません。どういう問題でしょうか？)

A I found a lot of spelling mistakes* and grammatical errors.* Please work on* it a bit more and turn it in* again tomorrow.
(スペルや文法のミスがたくさん見つかりました。もう少し練り直して、また明日渡してください)

spelling mistake「綴り字のミス」 grammatical error「文法のミス」
work on ...「…に取り組む」 turn in「(レポートなどを) 渡す」

●類似表現 Similar Expressions 重要表現の類似表現をいっしょに覚えよう

Your report needs a lot more work.
(あなたのレポートには練り直すべきところがたくさんあります)

The designs you made really aren't up to par.*
(あなたのデザインは合格レベルに達していません)

I had some problems with your brief.*
(あなたの報告には問題がいくつかあります)

up to par「合格レベルに達して」 brief「(短い) 報告」

● 関連表現 Related Expressions　このシーンに関連した英語を覚えよう

① 相手の仕事の具体的な問題点を伝える表現です

- There are a few factual errors* in the report.
  （レポートには事実誤認が少しあります）

- Some of the main points we discussed are missing* from the proposal.
  （前に相談していたおもなポイントのいくつかが提案書から抜けています）

- The letter is a bit unclear in places.*
  （手紙には少しはっきりしないところがあります）

> factual error「事実誤認」　missing「欠けている；見当たらない」
> in places「ところどころ；あちこち」

② 問題点をどのように処理したらいいかを伝える表現です

- Please correct* the errors in the report.
  （レポートに入っている間違いを直してください）

- Work a bit more on the proposal and give it to me again tomorrow.
  （企画書をもう少し練り直して、明日また私に渡してください）

> correct「正す」

③ 自分の仕事に不満を言われたら、次の表現を参考に返答しましょう

- I'm sorry you are not happy with my work.
  （私の仕事に満足していただけなくて恐縮です）

- It seems I misunderstood* what to do. I apologize* for that.
  （なにをすればいいか誤解していたようです。申し訳ありません）

- I'll try harder next time.
  （次回はもっとがんばります）

> misunderstand「誤解する」　apologize「謝る」

オフィスの英会話　◎第 2 章◎

Unit 62 「警告する／責任を追及する」
Giving a Warning/Investigating Responsibility

● 重要表現 Key Expressions

Were you responsible for the final check before it went out?
（レポートを送る前の最終チェックはあなたが責任をもっていたんですか？）

ここがポイント
問題が起こったら、原因を追究して警告を与えなければならない場合もあるでしょう。そんなときに必要になる表現をここでは見ていきます。

● 会話例 Dialogue

A Unfortunately, our client was not very happy with the report we sent last week. It seems there were lots of errors.
（残念なことに、クライアントは先週送ったレポートに満足していません。誤りがいっぱいあるようです）

B I'm sorry to hear that.
（それはすみませんでした）

A Were you responsible for* the final check before it went out?
（送る前の最終チェックはあなたが責任をもっていたんですか？）

B I'm afraid I was.
（すみません。そうです）

A You have really got to be more careful next time, or we will lose the client.
（次回はもっと気をつけてくれないと、この顧客を失ってしまいますよ）

be responsible for ...「…に責任がある」

● 類似表現 Similar Expressions　重要表現の類似表現をいっしょに覚えよう

- Who was responsible for these errors?
（この間違いはだれの責任でしょうか？）

- Who is going to take responsibility* for this?
（このことに対してだれが責任を取るのですか？）

- Whose fault* was this?
（これはだれのせいだったんですか？）

take responsibility「責任を取る」　fault「過失」

● **関連表現** Related Expressions このシーンに関連した英語を覚えよう

① どうして間違いが起こったのか問いただす表現です

- How did these mistakes slip by* us?
  (なぜこういう間違いに気がつかなかったんだろう？)
- How could this have happened?*
  (なぜこんなことが起こり得たんでしょう？)
- What could have been the cause* of such a serious error?
  (こんなに大きな間違いの原因はなんだったんでしょう？)

slip by ... 「…をすり抜ける」 happen「起こる」 cause「原因」

② 相手のミスを注意する表現です

- You need to check the work more carefully before sending it to the client.
  (クライアントに送る前にもっと注意深くチェックする必要があります)
- You need to ensure* that something like this will not happen again.
  (こういうことがまた起こらないように、しっかりしなければなりません)

ensure「確実にする」

③ 相手に強い警告を与えたい場合は次のような表現があります

- If we disappoint* this client again, they will not want to work with us anymore.
  (このクライアントをまた失望させたら、もう私たちとは仕事をしてくれなくなりますよ)
- If this happens again, it will cause* serious problems.
  (こういうことがまた起こったら、大変な問題になりますよ)
- If you make mistakes like this again, I will have to report it to our manager.
  (またこういうミスをしたら、部長に報告せざるを得ません)

disappoint「失望させる」 cause「引き起こす」

Unit 63 「責任を取る／否定する」
Taking Responsibility/Refusing Responsibility

●重要表現 Key Expressions

It's my fault.
（私のせいです）

ここがポイント
問題が起こったときに責任を取らなければならない場合は、正直に非を認めてどのように対処するかを伝えます。

●会話例 Dialogue

A The client just contacted me and said they have not gotten the redesign* yet.
（いま顧客から連絡があって、デザイン変更をまだもらっていないと言っていました）

B I'm sorry about that. **It's my fault.** I'm still working on it.
（すみません。私のせいです。まだ作成中なんです）

A We promised it by the end of the day yesterday.
（昨日のうちに送ると約束をしましたよね）

B Yes, I know. I am almost* finished and will be able to send it soon.
（わかっています。ほとんど終わっているので、もうすぐ送ります）

redesign「デザイン変更；再設計」　almost「ほとんど」

●類似表現 Similar Expressions　重要表現の類似表現をいっしょに覚えよう

I accept full responsibility.
（責任は私がすべて取ります）

I'm the cause of the delay.*
（遅れの原因は私です）

This was my mistake.
（これは私のミスです）

delay「遅れ；遅延」

●関連表現 Related Expressions　このシーンに関連した英語を覚えよう

① 責任を認めたら、現状や問題の起きてしまった理由を説明する必要があります

- There were some technical problems.*
  （技術上の問題がいくつかありまして）
- It took longer than I expected.
  （思っていたより時間かかってしまいました）
- I'm a bit behind schedule.*
  （スケジュールより少し遅れているんです）

technical problems「技術上の問題」　behind schedule「スケジュールより遅れて」

② 自分の起こした問題への対処法を伝える表現です

- I'll send it to the client just as soon as I can.
  （できるだけ早くクライアントに送ります）
- I'll correct* the errors and send it back to them soon.
  （間違いを修正してすぐ送り直します）
- I'll take care of* the problem the best I can.
  （最大限努力して問題に対処します）

correct「修正する」　take care of ...「…に対処する」

③ 自分に責任がないときでも、問題の対処にあたる意志を示すといいでしょう

- Actually, I did send it to them yesterday, but I'll send it to them again.
  （実は昨日送ったのですが、再送しておきます）
- I didn't have anything to do with* that, but I will check into* it.
  （それは私には全然関わらなかったのですが、調べておきます）
- That is not my fault, but I will take care of it.
  （それは私のせいではありませんが、対処します）

have something to do with ...「…に関係がある」
check into ...「…（問題など）を調べる」

Unit 64 「謝罪する／謝罪への対応」
Making an Apology/Responding to an Apology

●重要表現 Key Expressions

I'm really sorry about the problems caused by my mistakes.
(私の間違いで問題を起こしてしまい、ほんとうに申し訳ありません)

ここがポイント
問題を起こしたり間違いを犯してしまったりしたときの謝罪の表現を覚えておきましょう。自分の失敗には真摯に向き合って謝罪する態度が必要です。

●会話例 Dialogue

A I corrected the mistakes in my report and sent the new version to the client.
(レポートの間違いを修正して、新しいバージョンをクライアントに送りました)

B Thank you for taking responsibility* for that.
(責任を取ってくれてありがとう)

A I'm really sorry about the problems caused* by my mistakes.
(私の間違いで問題を起こしてしまい、ほんとうに申し訳ありません)

B Please don't worry about it anymore.
(この件についてはもう心配しないでください)

A Thank you. I will try not to let it happen* again.
(ありがとうございます。二度とこういうことが起こらないようにします)

take responsibility「責任を取る」　cause「引き起こす」　happen「起こる」

●類似表現 Similar Expressions　重要表現の類似表現をいっしょに覚えよう

- I'm sorry to have caused such a* problem.
(このような問題を起こしてしまってすみません)

- I'm sorry about being behind schedule.
(スケジュールよりも遅れてしまいすみません)

- I hope I haven't caused too much of a problem.
(ご面倒をおかけしていなければいいのですが…)

such a ...「このような…」

●関連表現 Related Expressions このシーンに関連した英語を覚えよう

① 真摯に謝罪し責任を取った人には、次のような表現で応答しましょう

- Thank you for taking responsibility for your own mistakes.
  （自分のミスの責任を取ってくれてありがとう）
- Thanks for offering* to fix* the problem.
  （問題の解決を引き受けてくれてありがとう）

offer「申し出る」　fix「直す；解決する」

② 謝罪を受け入れてその話を終わらせるときの表現です

- Please just forget all about it.
  （これについてはもう忘れてください）
- There's no need to apologize about it anymore.
  （もう謝らなくてもいいですよ）
- It's really not much of a problem.
  （そんなにたいした問題じゃないですよ）

Forget about it. は謝罪に対して「もういいから気にしないで」と応答する表現です。

③ 謝罪したあとは、今後間違いを犯さないよう努力する意思を伝えましょう

- I'll be more careful in the future.*
  （これからもっと気をつけます）
- I won't make the same mistake again.
  （同じ間違いを二度としないようにします）
- Hopefully* I will learn from my mistakes.
  （今回の誤りから学べればと思います）

in the future「これから」　hopefully「願わくは」

第3章

会議・交渉の英語

Unit 65 「会議を始める／議題を述べる」
Opening a Meeting and Introducing the Agenda

●重要表現 Key Expressions

Today we need to discuss the new office in China.
(今日はこれから中国で開くオフィスの話をします)

ここがポイント
社内会議を始めるときには、まず参加してくれた出席者への感謝の言葉から始めましょう。それから会議の目的を伝え、議題を順番に説明します。

●会話例 Dialogue (CD 2-39)

A Good afternoon everyone. Thank you for joining. **Today we need to discuss the new office in China.** Most of you know we are going to open an office in Beijing next year. Today, we need to go over two main issues. One is how to hire* the staff. And the other is how to train* them.
(みなさんこんにちは。出席していただきありがとうございます。今日はこれから中国で開くオフィスの話をする必要があります。ほとんどのみなさんが知っているとおり、来年北京にオフィスを開設予定です。今日は2つのおもな議題を検討します。ひとつ目はどうやってスタッフを採用するか。ふたつ目はどうやって研修させるかということです)

hire「採用する」 train「研修させる」

●類似表現 Similar Expressions 重要表現の類似表現をいっしょに覚えよう

- We are here to discuss our new advertising campaign.*
  (今日は新しい広告キャンペーンについて話すために集まりました)
- The main topic for today is the presentation next month.
  (今日のおもな議題は来月のワークショップです)
- The purpose of this meeting is to plan our booth* for the computer fair.
  (この会議の目的は、コンピューターフェアでのわが社のブースのプラニングです)

advertising campaign「広告キャンペーン」 booth「ブース」

● **関連表現** Related Expressions　このシーンに関連した英語を覚えよう

① すでに出席者が知っているような情報に言及する際の表現です

- You are already probably* aware of* our new advertising campaign.
  (みな新しい広告キャンペーンについては、おそらくすでにご承知のことと思います)
- As you may know, there is a green business fair next month.
  (知っているかもしれませんが、来月グリーン・ビジネス・フェアがあります)
- You may have heard that we will have our own booth at the fair.
  (もう聞いているかもしれませんが、わが社はフェアでブースを出します)

probably「おそらく」　aware of ...「…に気づいて；知って」

② 話し合ったり決定したりする必要のある具体的な事項を伝える表現です

- We need to discuss the scope* of the new campaign.
  (新しいキャンペーンの規模について話し合う必要があります)
- We have to decide who will do the presentation.
  (だれがプレゼンテーションをするか決めなければなりません)
- We should brainstorm* ideas for the booth.
  (展示ブースのアイデアを出し合わねばなりません)

scope「規模；範囲」　brainstorm「ブレインストーミングをする；アイデアを出し合う」

③ 議題を紹介したあとは、具体的な目標をシンプルに伝えましょう

- We should discuss several options.
  (複数のオプションを話し合わねばなりません)
- First of all,* we want to collect a lot of ideas.
  (まずはたくさんのアイデアを集めたいところです)

first of all「まず最初に」

Unit 66 「前回の会議について述べる」
Reviewing the Previous Meeting

● 重要表現 Key Expressions

You may recall that last week we discussed our forthcoming branch in China.
(先週これから中国に開設するオフィスについて話し合いました)

ここがポイント
社内会議を始める際、前回の会議の議題がもち越されている場合などには、まずその点を簡単に説明する必要があります。

● 会話例 Dialogue

A **You may recall* that last week we discussed our forthcoming branch in China.** We agreed that we would need around 12 people to staff* the office for the first two years. We also decided that we want to be in Beijing, and we are looking for an office big enough for 12 workers.
(先週これから中国に開設するオフィスについて話し合いました。最初の2年でスタッフが12人ぐらい必要ということで同意しました。場所は北京にしたいということも決定しました。そこで12人のスタッフが入れるオフィスを探します)

recall「思い出す」 staff「(職員などを) 配置する」

● 類似表現 Similar Expressions 重要表現の類似表現をいっしょに覚えよう

In last week's meeting, I told you all about our new advertising campaign.
(先週の会議で、新しい広告キャンペーンについて話しました)

In our previous* meeting, we discussed the upcoming* green business fair.
(前回の会議では来るグリーン・ビジネス・フェアについて話し合いました)

We talked a bit about what we would like our booth to look like.
(どういった外見のブースにしたいのかについて少し話しました)

previous「前回の」 upcoming「今度の；来たる」

●関連表現 Related Expressions このシーンに関連した英語を覚えよう

① 前回の会議で同意した事項を簡単に説明する表現です

- We all agreed that we should go for* a very strong image with the ads.
  (非常に強い印象を与える広告を目指すことにすることでみな同意しましたね)
- Everyone thought that we should participate in* the fair.
  (全員がフェアに参加すべきという意見でしたね)
- We came up with* the idea of doing a presentation as a way to participate in the fair.
  (プレゼンテーションをやってフェアに参加するという考えでしたね)

go for ...「…を目指す」　participate in ...「…に参加する」
come up with ...「…を考えつく」

② 前回の会議で付加的に決定したことも確認しましょう

- We also opted to* work with a new graphic designer this time.
  (今回は新しいデザイナーとやることにしましたね)
- It was also decided to put a few product samples in the booth.
  (展示ブースに商品サンプルをいくつか置くことも決定しました)

opt to ...「…することを選ぶ」

③ 前回の決定事項に続き、現在の課題について説明します

- We are currently* looking for a new designer.
  (いまは新しいデザイナーを探しています)
- We're trying to figure out* how many people will attend the presentation.
  (プレゼンに出席する人数を割り出そうとしています)
- Now we are trying to decide which product samples to use.
  (いまどの商品サンプルを使用するか考えようとしています)

currently「現在」　figure out「調べる；割り出す」

Unit 67 「質問する」

Asking a Question

● 重要表現 Key Expressions

Could I ask a question?
（質問してもいいでしょうか？）

ここがポイント
会議中に疑問点が出てきた場合は、状況を把握した上で、具体的に質問しましょう。まずは会議の話の流れを見て質問を切り出す表現から始めます。

● 会話例 Dialogue

A Could I ask a question?
（質問してもいいでしょうか？）

B Yes, of course.
（はい、どうぞ）

A When will we open the office exactly?
（具体的にはいつオフィスを開設する予定ですか？）

B That's a good question. We need to be fully* operational* by next May, so we hope to* open the office in March.
（それはなかなかいい質問ですね。来年の5月まで完全に使用できるようにしなければならないので、3月にオフィスを開くことを目指しています）

A I see.
（わかりました）

---

fully「完全に」　operational「使用できる」　hope to ...「…することを望む」

● 類似表現 Similar Expressions　重要表現の類似表現をいっしょに覚えよう

Would you mind if I asked a question?
（質問してもよろしいですか？）

I've got a question.
（質問があります）

I just want to clarify* something.
（ちょっと確認したいことがあります）

---

clarify「明確にする」

●関連表現 Related Expressions このシーンに関連した英語を覚えよう

① 基本的な情報を確認する質問から始めましょう

- How many designers does the campaign require?*
  (キャンペーンには、デザイナーは何人必要ですか？)
- What's the date of the presentation?
  (プレゼンテーションの日にちはいつですか？)
- How many days is the fair?
  (フェアは何日間ですか？)

require「必要とする」

基本的な情報に関する質問では、What（なに）、How（どのように）、How much（どのくらい［の量］）、How long（どのくらい［の間］）、When（いつ）など基本的な疑問詞を上手に使いましょう。

② 基本的な情報を確認したら、さらに詳しい質問に進みます

- Have we come across* a designer yet?
  (もうデザイナーは見つかりましたか？)
- How far* have we gotten in our preparation for the presentation?
  (プレゼンテーションの準備はどのぐらい進んでいますか？)
- Do we know how much space we have for the booth?
  (展示ブースにどのぐらいのスペースがあるかわかりますか？)

come across「見つける」　How far ...?「（進度か）どのくらい…？」

③ 具体的な目標についてたずねる言い方をさらに増やしましょう

- What kind of design are we after?*
  (どういうデザインを目指しているんでしょうか？)
- What will be the format* of the presentation?
  (どういう形式のプレゼンテーションになりますか？)
- What do we want to include* in the booth?
  (展示ブースにどういったものを入れたいのですか？)

be after ...「…を目指している」　format「形式」　include「含む」

Unit 68 「話に割り込む」

Joining the Conversation

●重要表現 Key Expressions

Excuse me, but I'm a bit confused.
(すみませんが、ちょっと混乱しています)

ここがポイント
Excuse me.「すみません」のほかにも、話に割り込むときに使う定番の表現はいろいろあります。上手に使えば、失礼にならず、話に割り込むことができます。

●会話例 Dialogue

A **Excuse me, but I'm a bit confused.** Is it completely* set* that we will be opening the office in China?
(すみませんが、ちょっと混乱しています。中国でオフィスを開設するというのは完全に決まっているんですか？)

B Yes, that has been decided for a while, and the budget has been set aside.*
(ええ、それはしばらく前から決まっているし、予算も取ってあるんです)

A I see. I just wanted to check on that.
(わかりました。それを確認したかったんです)

B It is definitely* going to happen, so today we can begin with the real planning.
(確実なことなので、今日は実際のプラニングから始めていきます)

completely「完全に」 set「決定する」 set aside「取りのけておく」
definitely「確実に」

●類似表現 Similar Expressions　重要表現の類似表現をいっしょに覚えよう

- Excusing me for cutting in.*
(中断してすみませんが)

- Pardon me for interrupting.*
(お邪魔してすみませんが)

- Could I just get a word in?*
(ひとことよろしいですか？)

cut in「割り込む」　interrupt「妨げる」　get a word in「話に割り込む」

●関連表現 Related Expressions このシーンに関連した英語を覚えよう

① 話に割って入りながら、同時に質問を投げかける表現です

- Sorry, but why are we switching* designers?
  (すみませんが、なぜデザイナーを変えるんですか？)
- Pardon me, but did they ask us to do a presentation?
  (すみませんが、彼らにプレゼンを依頼されたんですか？)

switch「変える」

② 話を中断するときには、短い発言であることを先に強調しておくといいでしょう

- Could I just ask one question?
  (ひとつだけ質問してもいいですか？)
- Can I add* one thing here?
  (ここで、ひとことつけ加えてもいいですか？)
- I just want to bring one thing up.*
  (ひとつだけ、話したいことがあります)

add「つけ足す」　bring up「話題などをもち出す；言い出す」

③ 話に割り込んで質問したあと、相手の答えに納得できたことを示すひとことです

- So that's the situation.*
  (そういう状況なんですね)
- So that's the reason.
  (そういう理由だったんですね)
- I was wondering* about that.
  (それを疑問に思っていたんです)

situation「状況」　wonder「疑問に思う」

会議・交渉の英語　◎第3章◎

Unit 69 「発言を促す／遮る」
Encouraging Comments/Deferring Comments

●重要表現 Key Expressions

It's no problem. Everyone is welcome to speak today.
(いいですよ。今日はみなさんぜひ発言してください)

ここがポイント
ディスカッションの最中、話に割り込みたいときは、まず、「中断してすみません」といったひとことが必要です。ここでは割り込んできた人の発言に対処するフレーズを覚えましょう。

●会話例 Dialogue

A So our office will be located in Beijing …
(新しいオフィスの場所は北京になり…)

B Pardon me for interrupting.*
(中断してすみませんが)

A It's no problem. Everyone is welcome to speak today.
(いいですよ。今日はみなさんぜひ発言してください)

B Do any of our current staff have any work experience* in China?
(いまのスタッフの中で中国で仕事経験のある人はいるんでしょうか？)

A I'm not sure. Could you check after this meeting?
(それはわからないです。この会議が終わってから調べてもらえますか？)

interrupt「中断する」　work experience「仕事の経験」

●類似表現 Similar Expressions　重要表現の類似表現をいっしょに覚えよう

Please speak up* at any time.
(いつでも遠慮なく話してください)

Please jump in* at any time.
(いつでも話に割り込んでください)

Feel free to* speak whenever you like.
(いつでも遠慮なく話してください)

speak up「遠慮なく話す」　jump in「話に割り込む」
Feel free to …「遠慮なく…してください」

● **関連表現** Related Expressions このシーンに関連した英語を覚えよう

① 話を続けてもらいたいときに使えるシンプルな表現です

- Please continue.*
  (続けてください)
- Please carry on.*
  (続けてください)
- Please go ahead.*
  (続けてください)

continue/carry on「続ける」 go ahead「さあどうぞ；話を続けて」

② 相手の発言を遮るときの言い回しです

- Would you mind waiting a moment so I do not lose track of* what I'm saying.
  (話していることがわからなくなってしまいますので、ちょっと待ってもらえますか？)
- Could you hold your comments for just a moment?
  (発言は少々待っていただけますか？)
- Could you wait? You'll have a chance to speak later.
  (待ってもらえませんか？ あとで話す機会がありますので)

lose track of ...「…の内容がわからなくなる」

③ 質問で話を遮られたくなければ、次のように言うといいでしょう

- Sorry, I'll ask again later.
  (すみません。あとでまたお願いします)
- Sorry, but please save* your questions till* later.
  (すみませんが、質問はあとにしてください)

save「取っておく」 till ...「…まで」

第3章 会議・交渉の英語

Unit 70 「意見を求める」

Asking for Opinions

●重要表現 Key Expressions

I'd like to hear everyone's opinion on this.
(この件についてみなさんの意見を聞かせてください)

ここがポイント

会議では議題に入る前に出席者に積極的に意見を述べてもらうよう伝えるといいでしょう。また出席者の発言が少なければ、適宜、さらに積極的に意見を述べるよう参加者に求める必要があります。

●会話例 Dialogue

A So our first objective* is to decide if we will send some of our staff to China for two years, or if we want to hire people in China and train them. **I'd like to hear everyone's opinion on this.** Maybe it is better if we speak one at a time* to begin.

(今日の会議の目的は、スタッフの一部を2年間中国に派遣するか、中国で人員を募集して研修するかを決めることです。このことについてみなさんの意見を聞かせてください。まずはひとりずつ話したほうがいいですね)

objective「目標；目的」 one at a time「ひとりずつ」

●類似表現 Similar Expressions　重要表現の類似表現をいっしょに覚えよう

- Everyone, please share* your thoughts on this.
  (みなさん、これについての考えを披露してください)

- I want everyone to speak today.
  (今日は、全員に意見を言ってほしいのです)

- Hopefully,* everyone will have something to say on this.
  (できれば、みなさんが、これについてなにか意見を言ってくれるとありがたいですね)

share「分かち合う」 hopefully「願わくは；できれば」

● **関連表現** Related Expressions　このシーンに関連した英語を覚えよう

① ひとりずつ順に意見を述べてもらう表現です

- Shall we go around the table* and hear from each person?
  （テーブルを1周して、ひとりずつ話してもらいましょうか？）
- Let's all speak one at a time.
  （ひとりずつを話しましょう）
- Who would like to speak first?
  （最初にだれが話してくれますか？）

　go around the table「テーブルを1周する」

② 出席者にいつでも発言していいことを伝えましょう

- Please come out with* ideas when you have them.
  （アイデアがあったら、すぐ言ってください）
- If any ideas come to you, be sure to* let us know.
  （アイデアがあったら、必ず伝えてください）

　come out with ...「…を口に出す」　be sure to ...「必ず…する」

③ 特定の出席者に向けて意見を求めるときには次のような表現を使ってみましょう

- Ellen, we haven't heard from you yet.
  （エレンからの意見はまだ聞いていませんでしたね）
- Susan, what do you think?
  （スーザン、どう思いますか？）
- Aaron, do you have an opinion on this matter?*
  （アーロン、この件について意見はありますか？）

　matter「点；事柄」

Unit 71 「意見を言う」

Expressing Opinions

● 重要表現 Key Expressions

1. I think we should have some of our staff study Mandarin and send them to the new office.
（いまのスタッフの一部に中国語を勉強させて、新しいオフィスに派遣したほうがいいと思います）

ここがポイント
自分の意見を述べるときに使える決まり文句をいくつか覚えておくと役立ちます。I think we should ...「…すべきだと思います」などは非常によく使う表現です。

● 会話例 Dialogue

A: I think we should have some of our staff study Mandarin and send them to the new office.
（いまのスタッフの一部に中国語を勉強させて、新しいオフィスに派遣したほうがいいと思います）

B: I don't agree. It can take years to learn a language. We should hire Chinese people.
（賛成できません。外国語を習うのには数年かかります。中国人を採用したほうがいいですよ）

A: But our staff already have product knowledge.* That also takes time to learn.
（でもうちのスタッフには商品知識があります。それを覚えるのにも時間はかかりますよ）

B: Yes, but if we hire Chinese people with experience in a similar field,* they will learn quickly.
（そうですが、関連分野の経験のある中国人を採用すれば、早く覚えてくれるでしょう）

A: That's a good point. （それはいい考え方ですね）

product knowledge「商品についての知識」 similar field「関連分野」

● 類似表現 Similar Expressions 重要表現の類似表現をいっしょに覚えよう

- I think we should advertise only online.
（オンラインだけで広告したほうがいいと思います）

- In my opinion, we need to show a wide range* of our products.
（私としては、幅広い範囲の商品を展示する必要があると思います）

- My point of view* is that we only need to bring a few sample products.
（私としては、商品サンプルは2、3点だけで十分だと思います）

range「範囲」 point of view「観点」

● **関連表現** Related Expressions このシーンに関連した英語を覚えよう

① 意見を強く主張する表現です

- I believe that advertisements in magazines are still important.
  (雑誌での広告はまだ重要だと思います)
- I really think it's important to give a lot of details* in the presentation.
  (プレゼンでは詳細な情報を多く入れるのが重要だ思います)

 details「詳細」

② やや遠慮がちに意見を言いたい場合の言い回しです

- I tend to* think that magazines are losing their power.
  (どちらかというと雑誌の力はなくなってきていると思うのですが)
- I'm not so sure that filling the presentation with details is a good idea.
  (詳細な情報を詰め込んだプレゼンがいいかどうかよくわかりません)
- One thing to consider* is that handing out product samples might be very expensive.
  (商品サンプルを配ることは非常にコストがかかるということも考慮すべき点のひとつですね)

 tend to ...「…しかちてある；どちらかというと…」
 one thing to consider「考慮すべき点」

③ 自分の意見の本質を伝えたいときに使える表現です

- What I meant to say is that magazines have a better reputation* than websites.
  (私の言いたかったことは、雑誌はウェブサイトより評価が高いということです)
- What I was trying to say was that adding details to the presentation would make it more beneficial* for the audience.
  (私の言いたかったことは、プレゼンに詳細な情報を加えることは出席者にも役立つということです)
- What I intended to get across* was that showing the products would have more impact.
  (私が理解してほしかったことは、商品を見せるほうがよりインパクトがあるだろうということです)

 reputation「評価；信頼」　beneficial「有益な；役立つ」　get across「理解させる」

Unit 72 「意見を保留する」

Expressing Reservations

● 重要表現 Key Expressions

1. I'm not so sure it is a good idea to send 12 members of our staff away for two years.
（スタッフ12人を2年間転属させるのがいいかどうかはよくわかりません）

ここがポイント

意見を決めかねているときに考えを保留するためのフレーズも覚えておきましょう。意見を保留する際には、付随して、必ずその理由も述べるようにしましょう。

● 会話例 Dialogue

A: I'm not so sure it is a good idea to send 12 members of our staff away for two years.
（スタッフ12人を2年間転属させるのがいいかどうかはよくわかりません）

B: Why do you say that?
（なぜでしょう？）

A: I see the advantage. But if we send them away, then we would lose* an important part of our team here.
（利点もわかるのですが、もし12人を派遣すれば、私たちのチームの重要な部分が欠けてしまいます）

B: I see what you mean.
（言いたいことはわかります）

A: I don't think it would be a good thing to do.
（それをやるのはよくないと思います）

---

lose「失う」

● 類似表現 Similar Expressions　重要表現の類似表現をいっしょに覚えよう

1. I'm not convinced.*
（まだ納得できていません）

1. I have reservations about* it.
（それについては疑問があります）

1. I'm not sure if that would be a good idea.
（それがいい考えかどうかわかりません）

---

be convinced「確信する；納得させられる」
have reservations about ...「…に疑念をもつ」

● **関連表現** Related Expressions このシーンに関連した英語を覚えよう

① 意見を保留する理由も合わせて述べる表現です

- Magazine ads and online advertising both have their advantages* and drawbacks,* so it is hard to decide right away.
  （雑誌広告とネット広告はどちらもそれぞれ利点と欠点があるので、すぐに決めるのは難しいです）

- I can't say how detailed the presentation should be until I know what kind of people will be there.
  （出席者がどんな人たちかわかるまでは、どの程度詳細なプレゼンをすべきかわかりません）

- It's hard to say if we should bring product samples because we don't know how many people will be at the trade show.
  （トレードショーの来場者がどのくらいかわからないので、商品サンプルを持っていくべきかどうかを決めるのは難しいです）

advantage「利点」　drawback「欠点」

② 考える時間が必要なときには次のように伝えましょう

- I'd like a bit more time to consider* which form of advertising is better.
  （どの形式の広告がいいか、もう少し考える時間をいただきたいのですが）

- I'll think over how many details we should include in the presentation and we can come back to this topic later.
  （プレゼンにどの程度詳細な情報を入れるかもう少し考えてみますね。またあとでこの話題に戻りましょう）

- Let me think over whether we should hand out sample products and get back to you.
  （商品サンプルを配るべきかどうかもう少し考えさせてください。あとで回答しますので）

consider「考慮する」

③ 意見を保留した相手に返す表現です

- After you have thought it over a bit more, let us know what you think.
  （もう少し考えてみたら、考えを聞かせてください）

- I see why you have reservations.
  （迷っている理由はわかりました）

Unit 73 「相手の意見を確認する」

Confirming Someone's Opinion

●重要表現 Key Expressions

1. So, David, you think we should hire people in Beijing?
（デイヴィッドは北京でスタッフを採用すべきと思っているんですね？）

ここがポイント
会議で出席者が次々に意見を言い出す状態になると、だれがどの意見を言ったか確認する必要があります。それぞれの意見を確認しながら議論を進めましょう。

●会話例 Dialogue

A So, David, you think we should hire people in Beijing?
（デイヴィッドは北京でスタッフを採用すべきと思っているんですね？）

B Yes, exactly.*
（はい、そのとおりです）

A And Todd, you still think it is best to go with* our own staff?
（トッドは、いまのスタッフでいくのがいちばんいいと思うんですね？）

C Yes, basically that's my opinion.
（はい、基本的にはそういう意見です）

A I see.
（わかりました）

Exactly.「そのとおりです」　go with ...「…を選ぶ；…の線でいく」

●類似表現 Similar Expressions　重要表現の類似表現をいっしょに覚えよう

1. Your opinion is that we should focus on* online advertising, right?
（ネット広告に重点を置いたほうがいいというのがあなたの意見ですね？）

1. You think the shorter the presentation the better, right?
（あなたはプレゼンは短いほどいいと思っているんですね？）

1. You said that a simple display is best, didn't you?
（あなたはシンプルな展示がベストだと言いましたよね？）

---

focus on ...「…に重点を置く」

● 関連表現　Related Expressions　このシーンに関連した英語を覚えよう

(1) 参加者が過去に述べた意見を繰り返してもらいたいときの表現です

- Could I ask you to repeat what you said earlier about magazine advertising?
  (先ほど雑誌広告についておっしゃったこと繰り返してもらえますか？)

- What did you say about including statistics* in the presentation?
  (プレゼンに統計を入れることについて、どう言ってましたっけ？)

- What was it you said about product price sheets?*
  (商品の値段表についてのあなたの発言は、どうでしたっけ？)

statistics「統計」　price sheet「値段表」

(2) 相手の意見がいまも以前と同じかどうか確認する表現です

- You stand by* what you said about online advertising being more important?
  (まだネット広告のほうが重要だという意見ですか？)

- You still think a shorter presentation is better?
  (まだ短いプレゼンのほうがいいと思っていますか？)

stand by ...「…を支持する」

(3) 意見に変化がないか、もっとシンプルに確認する言い方もあります

- Has your opinion changed at all?*
  (意見は少しでも変わりましたか？)

- Do you still feel the same way?
  (いまも前と同じような意見ですか？)

- Still think the same thing?
  (いまも前と同じように思っていますか？)

at all「少しでも」

Unit 74 「確認への受け応え」
Restating Your Opinion

●重要表現 Key Expressions

As I said before, our staff are already familiar with our products.
(先ほど言ったとおり、いまのスタッフはわが社の商品をすでによく知っています)

ここがポイント
意見を確認されたときの受け応え表現のバリエーションをチェックしましょう。

●会話例 Dialogue (CD 2-57)

A Todd, you think it is best to send our staff, right?
(トッド、あなたはうちのスタッフを送ったほうがいいと思うんですね？)

B As I said before, our staff are already familiar with* our products. I think that is key.*
(先ほど言ったとおり、いまのスタッフはわが社の商品をすでによく知っています。それがとても重要だと思うんです)

A I see.
(わかりました)

B They also know what it is like to work for us, and that also makes them better for the new office.
(あとはわが社で働くのがどういうことかもわかっているので、新しいオフィスのスタッフとしてはそれも有利です)

be familiar with ...「…をよく知っている」　key「とても重要なこと」

●類似表現 Similar Expressions　重要表現の類似表現をいっしょに覚えよう

- As I stated* before, I think we should go with* online advertising.
(先ほど言ったとおり、オンライン広告でいくほうがいいと思います)

- As I explained, I think a short presentation is better.
(説明したとおり、短いプレゼンのほうがいいと思います)

- Like I said before, I think we need a lot of product samples.
(先ほど言ったとおり、商品サンプルはたくさん必要だと思います)

state「述べる」　go with ...「…を選ぶ；…の線でいく」

●関連表現 Related Expressions このシーンに関連した英語を覚えよう

① 自分の意見を強調したいときには、次のような表現が使えます

- I strongly* believe that we should focus on online advertising.
  (オンライン広告に重点を置いたほうがいいと強く信じています)
- I really think it is essential* to do a thorough* presentation.
  (徹底的なプレゼンをやるのがとても重要だと思います)
- I'm positive* that visitors will want to see our products.
  (来場者はうちの商品を見たいに違いないと思います)

strongly「強く」 essential「必須の；重要な」 thorough「徹底的な」
positive「確信した」

② 自分の意見が変わっていないことを示す表現です

- My opinion hasn't changed.
  (私の意見は変わっていません)
- I'm still for* doing a short presentation.
  (いまも短いプレゼンのほうがいいという考えです)

for ...「…に賛成で」

③ 最初に伝えた自分の意見が変わったことを伝える表現です

- Actually, my opinion has changed a bit.*
  (実は、意見を少し変えました)
- I want to back out* on what I said before.
  (先に言ったことを撤回したいのです)
- I don't think that is the best option anymore.
  (それはいちばんいい選択肢だとはもう思いません)

a bit「少し」 back out「手を引く；取り消す」

Unit 75 「相手の誤解を訂正する」
Correcting Misunderstandings

● 重要表現 Key Expressions

I didn't mean that exactly.
(正確には、そういう意味ではなかったんです)

ここがポイント
伝えた意見が誤解されたときには、誤解をただしながら、正確にはどういうことだったのか、よりクリアに説明し直すことが必要です。表現テクニックを学びましょう。

● 会話例 Dialogue

A Todd, why do you think product knowledge is more important than language skills?
(トッド、なぜ外国語能力より商品知識のほうが重要だと思うんですか?)

B **I didn't mean that exactly.** I just think it would take time to teach Chinese workers about our products.
(そういう意味ではなかったんです。ただ、中国人のスタッフにわが社の商品について教えるのは時間がかかると思います)

A So you don't think that knowledge of the Chinese market* is important?
(では中国市場の知識は重要だと思っていないんですか?)

B On the contrary,* I think it is very important.
(まったく逆に、とても重要だと思っていますよ)

---

market「市場」　on the contrary「反対に;それどころか」

● 類似表現 Similar Expressions 重要表現の類似表現をいっしょに覚えよう

That's not what I wanted to say.*
(私が言いたかったのはそういうことではありません)

That's not my opinion exactly.
(それは私の意見とはちょっと違います)

I wasn't trying to imply* that.
(そういうことを言おうとしたわけではありません)

---

what I wanted to say「私が言いたかったこと」　imply「暗に示す」

●関連表現 Related Expressions このシーンに関連した英語を覚えよう

① なにかの誤解があった場合には、まずは相手が誤解していることを伝えましょう

- I'm afraid you have misunderstood* me.
  (すみませんが誤解されているようです)
- It seems you've missed my point.*
  (私が言ったことを誤解したようです)
- I don't think you get* me.
  (私の言ったことがわかっていません)

misunderstand「誤解する」 miss one's point「…の言ったことを誤解する」
get someone「(人の言ったことが) わかる」

直接的な言葉は避けて、I'm afraid ...「すみませんが…」、It seems ...「…のように思います」
といった言い回しを使うようにしましょう。

② 誤解をただして真意をはっきり伝えるときの表現です

- I just think we could reach* more people through online advertising.
  (ただ、オンライン広告のほうがもっと多くの人にアピールできると思うんです)
- My point is a shorter presentation is better because more people would attend* it.
  (私が言いたいのは、短いプレゼンならより多くの人が出席してくれるから、ベターだということです)
- What I wanted to say is, if we have product catalogues, visitors can take them home.
  (言いたかったのは、商品カタログがあると来場者が持って帰れるということです)

reach「(人に) アピールする」 attend「出席する」

③ 誤解が解けたら、誤解していた側はおわびのひとことを忘れずに

- I see. I am sorry for misunderstanding you.
  (わかりました。誤解してしまってすみません)
- Sorry for missing your point.*
  (誤解していてすみません)

point「ポイント；重要な点」

point は、ここでは「相手が言いたかったこと」という意味です。

Unit 76 「繰り返してもらう」

Asking Someone to Repeat Themselves

● 重要表現 Key Expressions

1. David, what did you say earlier about learning languages?
（デイヴィッド、先ほど外国語の勉強についてどう言いましたか？）

ここがポイント
会議中、相手が言った言葉が聞き取れなかった場合や、少し前の話に戻りたいときに、相手に発言を繰り返してもらう表現を覚えておきましょう。

● 会話例 Dialogue

A David, what did you say earlier about learning languages?
（デイヴィッド、先ほど外国語の勉強についてどう言いましたか？）

B I said it can take years to learn a language.
（外国語を覚えるのには数年かかると言いました）

A Naturally.* So you think that is a problem?
（もちろんです。それが問題だと思うんですね？）

B Yes. I don't think we can expect* any of our staff to learn Mandarin by the time the office opens.
（はい。オフィス開設までにわが社のスタッフが中国語を覚えるということは期待できないと思います）

---

naturally「もちろん」　expect「期待する」

● 類似表現 Similar Expressions　重要表現の類似表現をいっしょに覚えよう

- Would you mind repeating what you said?
（おっしゃったことを繰り返していただけますか？）

- Could you repeat what you said earlier?
（先ほどおっしゃったことを繰り返していただけますか？）

- What did you say at the beginning* of the meeting?
（会議の冒頭でどう言いましたか？）

---

beginning「始め；冒頭」

● 関連表現　Related Expressions　このシーンに関連した英語を覚えよう

(1) 聞き取れなかった場合など、相手に発言をその場ですぐに繰り返してほしいときの言い回しです

- Could you say that again?
  (もう一度言っていただけますか？)
- I'm sorry, what did you say?
  (すみません、なんと言いましたか？)
- What was that again?
  (なんと言いましたか？)

(2) 相手の発言の意図がよくわからないときに使える聞き返し表現です

- What do you mean* by that?
  (それはどういう意味でしょうか？)
- What are you trying to say?
  (どういうことを言おうとしているんですか？)

mean「意味する」

(3) 相手の発言がわからないときに言葉を変えて繰り返してもらうよう依頼する表現です

- Could you rephrase* that, please?
  (別の言葉で言い換えてもらえますか？)
- Could you explain that in a less technical *way?
  (専門用語を少なくして説明してもらえますか？)
- Could you say that in a way that non-computer people* can understand?
  (コンピューターに詳しくない人でもわかるように言ってもらえますか？)

rephrase「言い換える」　technical「技術的な」
non-computer people「パソコンに詳しくない人たち」

Unit 77 「知識や情報をたずねる」
Asking for Information

●重要表現 Key Expressions

Do you happen to* know how many new staff members we have joining us this year?
（今年の新入社員が何人になるかわかりますか？）

ここがポイント
現在の状況がわからないときや確認したいときに、出席者に知識や情報をたずねる必要があります。重要表現の happen to ... は「たまたま…する」という意味。

●会話例 Dialogue

A Todd, **do you happen to* know how many new staff members we have joining us this year?**
（トッド、今年の新入社員が何人になるかわかりますか？）

B Yes, we are getting fifteen new people.
（はい。15人の新入社員が入ります）

A I see. What about Mandarin language courses? Do we have a budget* for language training?
（わかりました。中国語のコースはどうですか？外国語研修の予算はありますか？）

B Yes. That shouldn't be a problem.
（はい。それは問題ないはずだと思います）

happen to ... 「たまたま…する」　budget「予算」

●類似表現 Similar Expressions　重要表現の類似表現をいっしょに覚えよう

- Do you know how many designers we will need?
（デザイナーが何人必要かわかりますか？）
- Do we know the actual* dimensions* of the display space?
（展示ブースの正確な大きさはもう分かっていますか？）
- Do you know how many staff we need for the booth?
（展示ブースにスタッフは何人必要かわかりますか？）

actual「実際の」　dimensions「大きさ；サイズ」

● **関連表現** Related Expressions　このシーンに関連した英語を覚えよう

① 具体的な数値などを知りたいときは、疑問詞で始まるセンテンスも効果的です

- How many companies will be participating in* the business fair?
  （ビジネスフェアに参加する会社は何社になりますか？）
- Exactly* how much time do we have for our presentation?
  （正確にはプレゼンにどのくらいの時間がありますか？）

participate in ...「…に参加する」　exactly「正確に」

② 目指しているイメージ・雰囲気などをたずねる表現です

- What sort of feel* are we going after with the new campaign?
  （新しいキャンペーンではどんな感じを目指しているんですか？）
- What type of atmosphere* do we want in the workshop?
  （ワークショップでどういう雰囲気を出したいんですか？）
- What kind of impression* do we want to make with the display?
  （展示はどういうイメージにしたいのですか？）

feel「感じ」　atmosphere「雰囲気」　impression「印象」

③ より明確、あるいは詳細な情報を相手から引き出す表現です

- And that is the budget for the entire* campaign, right?
  （それは全体のキャンペーンの予算ですよね？）
- Is it possible to use more time?
  （もっと時間を使える可能性はありますか？）
- Is that the maximum* space we can use?
  （それが最大限に使えるスペースですか？）

entire「全体の」　maximum「最大の」

Unit 78 「知識や情報を答える」

Giving Information

●重要表現 Key Expressions

They have a few Mandarin teachers.
（中国語の先生は数人います）

ここがポイント

知識や情報を確認されたときには、はっきりと情報を伝えましょう。情報についてよくわからないときには、わからないと正直に伝えることも大切です。

●会話例 Dialogue

A I checked with* some foreign language schools about Mandarin lessons.
（外国語学校に連絡して、中国語のレッスンについて聞きました）

B Oh, really?
（そうですか？）

A **They have a few Mandarin teachers.** It's possible for them to send a teacher here for lessons.
（中国語の先生は数人います。ここに来てもらってレッスンしてもらうことができます）

B That would be very convenient.* What about the price?
（それは便利ですね。値段については？）

A I am waiting to get an estimate from them.
（見積書を待っています）

check with ...「…に問い合わせる」 convenient「便利な」

●類似表現 Similar Expressions　重要表現の類似表現をいっしょに覚えよう

- They've decided to use just one designer.
  （デザイナーはひとりだけ使うことに決まりました）

- There will be over 40 companies participating in* the fair.
  （フェアには40社以上が参加する予定です）

- Three people will work at the booth.
  （ブースでは3人スタッフがいる予定です）

participate in ...「…に参加する」

●関連表現 Related Expressions このシーンに関連した英語を覚えよう

① 具体的な数値などについてコメントする言い回しです

- Our projected* budget for the campaign is exactly $10,000.
  (キャンペーンの予算は1万ドルの予定です)
- We have a mere* 30 minutes for the presentation.
  (プレゼンには30分しかありません)
- The display space is 3 meters by 2 meters.
  (展示スペースは3メートル×2メートルです)

projected「予定された」 mere「ほんの；ただの」

② イメージや雰囲気についての情報の伝達には次のような表現を使いましょう

- The plan is to create a laid-back* feel for the workshop.
  (ワークショップはリラックスした雰囲気にする予定です)
- We want to give the impression of a cutting-edge* company with the display.
  (展示で最先端の会社という印象を与えたいと思っています)

laid-back「くつろいだ」 cutting-edge「最先端の」

③ Yes/Noで答えられる質問に対しても具体的な情報を補足して答えるように心がけましょう

- Exactly.* That is the budget for the entire campaign.
  (そのとおりです。それがキャンペーンの全体の予算です)
- Yes, it seems we have to strictly* keep the schedule.
  (はい、スケジュールを厳しく守る必要がありそうです)
- Yes, that is the maximum space we can use.
  (はい、それが使える最大限のスペースです)

Exactly.「そのとおりです」 strictly「厳しく」

Unit 79 「実現可能性をたずねる」
Asking about Feasibility

●重要表現 Key Expressions

Is it feasible for us to hire 12 people in China?
（中国で 12 人のスタッフを募集するのは可能でしょうか？）

ここがポイント
会議で企画を検討するときに必要な、実現可能性をたずねる表現を見ていきましょう。「実現可能性」は、英語で feasibility と表現します。

●会話例 Dialogue

A Is it feasible* for us to hire 12 people in China?
（中国で 12 人のスタッフを募集するのは可能でしょうか？）

B Yes, I think so. I have contacted some recruiting firms there already.
（できると思います。向こうの求人会社にもすでにコンタクトを取っています）

A And did they say it is possible?
（できると言っていましたか？）

B They said it would take two or three months to find 12 people that fit* our requirements.*
（わが社の条件に合う 12 人を探すのには 2、3 カ月かかるそうです）

feasible「実現可能な」　fit「合う」　requirement「要求；条件」

●類似表現 Similar Expressions　重要表現の類似表現をいっしょに覚えよう

- Is it feasible to do an advertising campaign on that budget?*
（その予算で広告キャンペーンをやるのは可能でしょうか？）

- Do you think we can make a good presentation in just 30 minutes?
（たった 30 分でいいプレゼンができると思いますか？）

- Is it possible to fit* our product samples into a space that small?
（そんなに狭いスペースにわが社の商品サンプルを入れることができるでしょうか？）

budget「予算」　fit「うまく収納する」

●関連表現 Related Expressions このシーンに関連した英語を覚えよう

① 実現可能性が薄いと思われることを質問する表現です

- Don't you think it's unlikely* we can do the kind of campaign we want on that budget?
  (その予算で私たちがやりたいようなキャンペーンはできそうにないと思いませんか？)
- Do you think we could do a good presentation in such a short time?
  (そんなに短時間でいいプレゼンができると思いますか？)
- I don't think that will be enough* space, do you?
  (それでは十分なスペースと思えないのですがどうでしょう？)

unlikely「ありそうにない；見込みのない」 enough「十分な」

② 見込みは薄いが多少可能性がある、といったニュアンスの表現です

- The budget will be tight,* but I think we can do it.
  (予算は厳しいですができると思います)
- It will be a bit of a squeeze* for sure,* but I think we can make a good display.
  (確かにちょっと窮屈でしょうが、いいディスプレイができると思います)

tight「(予算・スケジュールなどが)厳しい」 squeeze「狭い場所に無理に押し込むこと」
for sure「確かに」

③ 実現性が高い、あるいは大丈夫と思う場合は、次のような表現を使います

- Oh, sure. That should be more than enough* of a budget.
  (ええ、もちろん。それで十二分な予算のはずです)
- I think that will probably be enough time.
  (おそらく、それで時間は十分だと思います)
- It think the space will be a bit tight,* but it should be OK.
  (スペースは少し狭いですが、大丈夫なはずです)

more than enough「十二分な；十分すぎる」 tight「狭い」

Unit 80 「推測・予測を述べる」

Making Conjectures

●重要表現 Key Expressions

I would say around two months or so.
（2カ月ぐらいだろうと思います）

ここがポイント
予測や可能性を述べるときには、仮定法の would を使うことがよくあります。would には発言のトーンを和らげる働きもあります。

●会話例 Dialogue

A If we do hire people in China, how long do you think it would take to train them?
（もし中国でスタッフを採用すると、研修はどのぐらいかかると思いますか？）

B I would say* around two months or so.*
（2カ月ぐらいだろうと思います）

A Would you train them here?
（こちらで研修することにします？）

B No, I think it would be better to send someone to train them in China.
（いいえ、こちらからだれかを送って、中国で研修したほうがいいと思います）

I would say ...「…と思う」　... or so「…かそこら」

●類似表現 Similar Expressions　重要表現の類似表現をいっしょに覚えよう

- It would probably cost* $5,000 for magazine advertising.
（雑誌広告にはおそらく 5,000 ドルかかるでしょう）

- I guess there will be about 8,000 people at the fair.
（フェアには 8,000 人ほどが来場するでしょう）

- We could probably give away* about 500 product catalogues.
（おそらく商品カタログを 500 部ほど配れると思います）

cost「（お金が）かかる」　give away「（無料で）与える」

● **関連表現** Related Expressions　このシーンに関連した英語を覚えよう

① 自分の過去の経験に基づく推測を述べるときの表現です

- In my experience,* online advertising is more effective than magazine advertising.
  （私の経験ではネット広告のほうが雑誌広告より効果的です）

- Last year, there were over 10,000 people at the fair, so I think there should be about that many* this year.
  （昨年フェアには 10,000 人以上が来場したので、今年も同様の人数が来場するはずです）

in my experience ...「私の経験では」　about that many「そのくらいの数」

② 自分の推測を意見として述べるときは次のように言いましょう

- An online advertising campaign will appeal to younger consumers.*
  （オンライン広告のキャンペーンは若い購買層にアピールするでしょう）

- I think the turnout* at the fair will be bigger this year.
  （フェアへの参加者は今年は増えると思います）

- I think our products will be popular next year.
  （来年はわが社の製品が人気になると思います）

consumer「消費者」　turnout「出席者；来場者」

過去の経験や具体的な理由を言わないと、単に個人の推測にすぎないと受け止められる可能性もあるので、その点は注意しましょう。

③ 情報などが乏しく推測が難しいときの表現です

- It's hard to know if online advertising would benefit* us.
  （ネット広告の効果があるかどうかはわかりにくいです）

- It's difficult to say how many visitors will come to the fair.
  （フェアにどのくらいの来場者があるかを予測するのは難しいです）

- It's impossible to predict* which products will be popular with consumers.
  （消費者にどの商品が人気になるかは、予測することはできません）

benefit ...「…のためになる；利益になる」　predict「予測する」

第3章　会議・交渉の英語

Unit 81 「仮定して話す／条件をつけて話す」
Speaking Hypothetically

●重要表現 Key Expressions

> **If we were to send our staff to China, how would we select who to send?**
> (もしいまのスタッフを中国に転属させるとしたら、どうやってそのスタッフを選びますか？)

ここがポイント
会議でまだ決まってない計画について話すときには、仮定しながら質問したり、条件をつけて話したりする必要があるでしょう。そうした仮の話をするには、if の節で過去形、そのあとの節で would を使った仮定法をよく使います。

●会話例 Dialogue

A If we were to* send our staff to China, how would we select who to send?
(もしいまのスタッフを中国に転属させるとしたら、どうやってそのスタッフを選びますか？)

B That is a good question. We would have to choose very carefully.
(それはいい質問ですね。非常に注意して選ばなければならないでしょう)

A Certainly.* We would have to send people who have a lot of knowledge of our products.
(そうですね。わが社の商品について多くの知識をもっている人を転属させるべきでしょうね)

B That's right. But we wouldn't want to send all of our best people.
(そうですね。でも優秀なスタッフみんなを送るということもしたくないですね)

A Exactly.*
(そのとおりです)

> if ... were to ... 「もし…が…するとしたら」　certainly/exactly「そのとおり」

●類似表現 Similar Expressions　重要表現の類似表現をいっしょに覚えよう

- If we go with* this plan, how long would it take?
(この計画でいくなら、どのくらい時間がかかるでしょうか？)

- Were we to* implement* this idea, what would it require?
(このアイディアを実行するとしたら、なにが必要になるでしょうか？)

- If we used our own staff, how many people would we need?
(自社のスタッフを使うとしたら、何人必要になるでしょうか？)

> go with ...「…を選ぶ；…の線でいく」　Were we to ...（倒置）= If we were to ...
> implement「実行する；実施する」

● **関連表現** Related Expressions　このシーンに関連した英語を覚えよう

① 自分の考えを述べる際にも仮定表現が使えます

- If we used only magazine advertising, it would cost more.
  (雑誌広告しか使わないとしたら、もっと費用がかかるでしょう)
- Supposing* we did organize* a workshop, then we would have more to prepare.*
  (ワークショップを開催するとしたら、もっと準備しないといけないことがあります)
- If we had three people at the booth, they could speak with visitors.
  (ブースに3人配置するとすれば、来場者と話し合うことができるでしょう)

supposing ...「仮に…だとしたら」　organize「(催しなどを)準備する；開催する」
prepare「準備する」

②「…しなければ…になる」といった意見を言う表現です

- If we don't use online advertising, we can't connect with* younger people.
  (ネット広告を使わなければ、若年層とつながりをもつことはできません)
- Supposing we don't have a Q&A session, then we will have more time for the presentation.
  (質疑応答を設けなければ、プレゼンにもっと時間を割けるでしょう)
- If we don't hand out* product samples, then we won't need so many staff.
  (商品サンプルを配らなければ、そんなに多くのスタッフはいらないでしょう)

connect with ...「つながりをもつ」　hand out「配る」

③ 相手の意見への問題提起をするときに使える仮定表現です

- What will we do if the presentation is too long?
  (プレゼンが長くなりすぎたらどうしますか？)
- What if* we run into problems?*
  (問題にぶつかったらどうしますか？)

What if ...「…だとどうなりますか？」　run into problems「問題にぶつかる」

Unit 82 「例外を述べる」

Speaking about Exceptions

●重要表現 Key Expressions

There are always exceptions.
(必ず例外はあります)

ここがポイント

例外をはっきり伝えておいたほうがいい場合には、重要表現のようにまず前置きした上で例外を説明しましょう。

●会話例 Dialogue

A How long does it take to train one of our new sales reps here?
(ここでは、新しい営業職員の研修にはどのぐらいかかりますか？)

B About three months. But **there are always exceptions.***
(3カ月ぐらいです。でも必ず例外はあります)

A Sometimes it takes longer?
(もっと時間かかる場合があるんですか？)

B It depends on* the person. Some people can be trained in just one month, others take much longer.
(人によって違いますね。1カ月で研修が終わる人もいれば、もっと時間がかかる人もいます)

A I see.
(わかりました)

exception「例外」　depend on ...「…による」

●類似表現 Similar Expressions　重要表現の類似表現をいっしょに覚えよう

There are sometimes exceptions.
(例外がある場合もあります)

That all depends.*
(場合によります)

It's hard to say.
(なんとも言いがたいです)

That depends.「場合によります」

● **関連表現** Related Expressions　このシーンに関連した英語を覚えよう

① 最初に通常の状況を伝えてから例外を説明するとわかりやすくなります

- Magazine advertising is usually more costly* than online ads, but it can be cheaper.
  (雑誌広告は通常ネット広告より高いですが、安くなる場合もあります)
- One of our seminars usually takes 90 minutes, but it's sometimes shorter.
  (セミナー1回は通常90分かかりますが、短くなる場合もあります)
- 10,000 some* people come to the fair each year, but it's sometimes less.
  (10,000人強の人が毎年フェアを訪れますが、それより少ない場合もあります)

costly「値段が高い」　10,000 some「10,000人強」

② 場合によって状況が異なることを伝えるときは、次のような表現が使えます

- The price of magazine ads really depends on where in the magazine the ad is placed.
  (雑誌広告の値段は、実際広告を雑誌のどこに置くかによって異なります)
- Depending on* the number of participants, the amount of time we need for a seminar varies* a great deal.
  (セミナーに必要な時間の総計は、参加者の人数によってかなり異なります)

depend on ...「…による」　vary「変わる；異なる」

③ 例外がどの程度の頻度で起こり得るのかたずねる表現です

- How often does this kind of exception come up?
  (このような例外はどの程度起こりますか？)
- How likely* is something like that to happen?
  (そのようなことはどの程度起こりますか？)
- Is that the exception or the rule?*
  (それは例外的なことですか、それともふつうのことですか？)

likely「起こりうる」　rule「標準」

Unit 83 「目的・目標をたずねる」

Asking about Objectives

● 重要表現 Key Expressions

What are our main objectives in China?
(中国におけるわが社のおもな目的はなんでしょうか?)

ここがポイント
目標や目的などをたずねる表現は、ビジネス上とても重要です。プロジェクトの目標や、施策の意図・目的など、きちんと詰めておかなければ曖昧な戦略を導き出すことにもなりかねません。

● 会話例 Dialogue

A What are our main objectives* in China?
(中国におけるわが社のおもな目的はなんでしょうか?)

B What do you mean?
(どういう意味でしょうか?)

A I mean, do we just want to introduce our products to the market, or do we want a long-term* presence* in the country?
(つまり、わが社の商品を市場に導入したいだけか、それとももっと長期的に中国でやっていきたいのでしょうか?)

B I understand your question now.
(質問がわかりました)

objective「目的」 long-term「長期の」 presence「存在」

● 類似表現 Similar Expressions 重要表現の類似表現をいっしょに覚えよう

What's really the purpose of our seminar?
(私たちのセミナーの実際の目的はなんでしょうか?)

What goals* do we have?
(私たちの目標はなんでしょうか?)

What goals do we have in participating in* the trade fair?
(トレード・フェアに参加するにあたっての目標はなんですか?)

goal「目標」 participate in ...「…に参加する」

●関連表現 Related Expressions このシーンに関連した英語を覚えよう

(1) 次のような表現でも目的や目標をたずねることができます

- What's our motivation* for switching to online advertising?
（わが社がネット広告に変更する動機となるものはなんでしょうか？）

- Why do we want to go with a workshop over* a presentation?
（なぜプレゼンではなくワークショップを選びたいのですか？）

- What are we trying to get across?*
（私たちはなにを伝えようとしているのでしょうか？）

motivation「動機」　over ...「…より好んで；優れて」　get ... across「…を伝える」

(2) 目的・目標を二者択一でたずねる表現です

- Is our goal to create a good impression* for our company, or introduce our products to consumers?*
（私たちの目標は、会社のいい印象を生み出すことですか、それとも消費者に製品を売り込むことですか？）

- Is our main objective in the presentation to share* a lot of information or to get people to ask a lot of questions?
（プレゼンのおもな目的は多くの情報を共有することですか、それともいろいろ質問してもらうことですか？）

- Do we want to give away a lot of product samples, or do we want to hand out a lot of catalogues?
（商品サンプルを多くの人に配りたいのですか、それともカタログをたくさん配りたいのですか？）

impression「印象」　consumer「消費者」　share「共有する；分かち合う」

(3) 目的や目標が自分の考えと違っていたときには次のような表現で確認しましょう

- Wasn't it the main point to increase* awareness* of our brand?
（わが社のブランドの認知度を高めるのがおもなポイントではありませんでしたか？）

- I thought what we wanted to do was share as much information as possible.*
（私たちのやりたかったのは、なるべく多くの情報を分かち合うことだと思っていました）

increase「増やす；高める」　awareness「認知（度）」
as much ... as possible「できるだけ多くの…」

Unit 84 「目的・目標を答える」

Stating Objectives

●重要表現 Key Expressions

We have both long-term and short-term goals for the new office.
（新しいオフィスを開設することには、長期の目標と短期の目標があります）

ここがポイント
ビジネスの目的や目標をたずねられたときに使えるフレーズを学びましょう。会議が題目から離れたとき、当日の会議の目標を述べるときなどにも応用できる表現です。

●会話例 Dialogue

A We have both long-term* and short-term* goals for the new office.
（新しいオフィスを開設することには、長期の目標と短期の目標があります）

B Could you elaborate?*
（詳しく説明してもらえますか？）

A Our short-term goal is to get a foothold* in the Chinese market.
（短期の目標は中国の市場に足がかりを得ることです）

B And our long-term goal?
（そして長期の目標とは？）

A Our long-term goal is to tweak* our products to make them more suitable for Chinese consumers.
（長期の目標は中国人の消費者に合わせるために商品を微調整することです）

long-term「長期の」 short-term「短期の」 elaborate「詳しく述べる」
foothold「足がかり」 tweak「微調整する」

●類似表現 Similar Expressions 重要表現の類似表現をいっしょに覚えよう

- We have several objectives.*
（いくつか目的があります）

- Our goals are rather complex.*
（私たちの目標はかなり複雑です）

- The purpose of our plan is simple.
（私たちのプランの目的はシンプルです）

objective「目的；目標」 complex「複雑な」

●関連表現 Related Expressions このシーンに関連した英語を覚えよう

① 具体的な目的・目標を説明する表現です

- Our main objective for the new advertising campaign is to increase* awareness* of our brand.
  (新しい広告キャンペーンのおもな目的は、わが社のブランドの認知度を高めることです)

- The purpose of our presentation is to show the environmentally-friendly* strategies* we are using as a company.
  (プレゼンの目的は、わが社が採用している環境に優しい戦略を伝えることです)

- In participating in the trade fair, our main goal is to make some new connections.
  (トレード・フェアに参加するにあたってのおもな目標は、新しいコネクションを作ることです)

---

increase「増やす；高める」 awareness「認知（度）」
environmentally-friendly「環境に優しい」 strategy「戦略」

---

② 目標・目的の変更について説明する表現です

- We were planning ads for new products, but we decided it would be better to focus on* our overall* brand image.
  (私たちは新製品の広告を計画していましたが、総合的なブランドイメージに重点を置くほうがいいと決定しました)

- We have cut the part of the presentation about our company, and expanded* the part about our environmental activities.
  (プレゼンではわが社に関する部分を削り、環境活動に関する部分を長くすることにしました)

---

focus on ...「…に重点を置く」 overall「総合的な；全体的な」 expand「拡張する」

---

③ 目標・目的の設定理由を説明する表現です

- We decided to emphasize* our brand image in the ads so we can increase awareness of our brand.
  (ブランドの認知度を高めるため、広告でのブランドイメージを強調することにしました)

- I thought it would give a better impression to concentrate on* our environmental activities in the presentation.
  (プレゼンで環境活動に焦点を絞ることでよりよい印象を与えられると思いました)

---

emphasize「強調する」 concentrate on ...「…に集中する」

会議・交渉の英語 ◎第3章◎

Unit 85 「必要なことについて話す」
Talking about Necessities

●重要表現 Key Expressions

What else would we have to do?
(あとはなにをしなければなりませんか？)

ここがポイント
ビジネスシーンでは、必要性についてたずねたり答えたりする場面が数多くあります。ビジネスのカギを握るとも言える Necessity「必要性」の質問や返答の仕方をチェックしましょう。

●会話例 Dialogue

A If we do send some of our staff to China, what would that require?*
(もしスタッフを中国に送るとしたら、なにが必要となりますか？)

B First of all,* we would need Mandarin language teachers.
(まずは、中国語の教師が必要です)

A What else* would we have to do?
(あとはなにをしなければなりませんか？)

B Help our staff prepare for the transfer to Beijing.
(北京への転勤の準備を手伝うことですね)

---

require「必要とする」 first of all「まず最初に」 else「ほかに」

●類似表現 Similar Expressions 重要表現の類似表現をいっしょに覚えよう

What would we be required to do?*
(なにをする必要があるでしょうか？)

What do we have to do?
(なにをやらなければなりませんか？)

What steps do we have to take?*
(どのような段階を踏まなくてはなりませんか？)

---

be required to ...「…する必要がある」 take steps「段階を踏む；手段を講じる」

●関連表現 Related Expressions このシーンに関連した英語を覚えよう

(1) 必要なことについて具体的にたずねる表現です

- How many handouts* would we need for the presentation?
  (プレゼンにはどのくらいの資料が必要でしょうか？)
- What would we need to bring to the fair?
  (フェアにはなにを持っていく必要がありますか？)
- Should we schedule some extra time for approving* the designs?
  (デザインを承認するのに余計に時間を取っておいたほうがいいですか？)

handout「資料」　approve「賛成する；承認する」

(2) 必要のあることを伝えたり、説明したりする表現です

- They require a written* agreement.*
  (彼らは書面での同意を必要としています)
- Pre-registration* is required to enter the event.
  (イベントに入場するには事前登録が必要です)

written「書かれた；書面での」　agreement「同意」　registration「登録」

(3) 必要性を強調、修飾するフレーズを併せて覚えましょう

- We had better* bring 200 brochures to the presentation to be on the safe side.*
  (念のためプレゼンには200冊パンフレットを持っていったほうがいいですね)
- At a bare minimum,* we need 30 minutes for the presentation.
  (最低でもプレゼンには30分必要です)
- We absolutely* have to bring business cards.
  (名刺は必ず持っていかなければなりません)

had better …「…するべきだ」　to be on the safe side「念のために」
at a bare minimum「必要最小限でも」　absolutely「絶対に」

Unit 86 「根拠・信頼性について話す」
Discussing Credibility

●重要表現 Key Expressions

Why do you think we can trust them?
(なぜ彼らを信頼できると思うんですか？)

ここがポイント
会議では、相手の意見に対して根拠や信憑性を確かめたり、また自分の意見の根拠や信憑性を説明する場面が必ずあります。頻出表現を覚えておきましょう。

●会話例 Dialogue

A Do we know if the recruiting company* we have in China is any good?
(中国の求人会社が優秀かどうかわかりますか？)

B I think they are.
(優秀だと思います)

A Why do you think we can trust them?
(なぜ彼らを信頼できると思うんですか？)

B One of our clients recommended* them to us.
(わが社のクライアントが薦めてくれたからです)

---

recruiting company「人材斡旋会社」　recommend「薦める」

●類似表現 Similar Expressions　重要表現の類似表現をいっしょに覚えよう

Why are you confident about* their skills?
(どうして彼らの技術を信頼しているんですか？)

Why do you find them so trustworthy?*
(どうして彼らがそれほど信頼できると思うんですか？)

What are you basing your decision on?*
(どういう根拠でそう判断したんですか？)

---

confident about ...「…を信頼して」　trustworthy「信頼できる」
base on ...「…に基づく」

● 関連表現 Related Expressions このシーンに関連した英語を覚えよう

(1) 情報やデータの信頼性をたずねる表現です

- Where did you find that information?
  （その情報はどこで得たものですか？）
- Is that credible data?
  （それは信頼できるデータですか？）
- Are you sure these statistics* are still up-to-date?*
  （この統計は、いまでも最新のものですか？）

statistics「統計」 up-to-date「最新の」

(2) 信頼性があるということを強調する表現です

- There is no reason to think that they will not turn in* good work.
  （彼らがいい仕事を出してくることは間違いありません）
- We have every reason to believe this is credible data.
  （これが信頼できるデータであると信じる理由は十分あります）
- We can be sure that this is current data.
  （これが最近のデータであることは間違いありません）

turn in「提出する」

(3) 信頼性の根拠を説明する表現です

- The designers have an impressive portfolio,* so I am sure they will do good work for us.
  （そのデザイナーは印象的な作品を作ってきているので、いい仕事をしてくれると確信しています）
- They have a good reputation* with our client, so I trust them.
  （わが社のクライアントにも評判がいいので、私は彼らを信頼しています）

portfolio「作品集」 reputation「評判」

Unit 87 「賛否を問う」

Asking for Agreement/Disagreement

●重要表現 Key Expressions

But some of you are against that idea?
(でもその考えに反対している人もいますよね？)

ここがポイント

議論を前後させず効率的に会議を進行するためには、提案された事柄や、計画、目標設定などについて、適宜必要なタイミングで出席者にその賛否を問うことが大切です。

●会話例 Dialogue

A So we have weighed* the two options. Some of you think we should send our staff to China, right?
(2つの選択肢を比較検討しました。スタッフを中国に送ったほうがいいと思っている人がいますよね？)

B Yes, that's right.
(そうですね)

A But some of you are against* that idea?
(でもその考えに反対している人もいますよね？)

C Yes, exactly.
(はい、そのとおりです)

weigh「比較検討する」 against ...「…に反対で」

●類似表現 Similar Expressions 重要表現の類似表現をいっしょに覚えよう

Are we all in agreement?*
(みなさん賛成ですか？)

Does everyone agree on* this issue?*
(みなさんこの問題には賛成ですか？)

Does anyone disagree with* this plan?
(このプランに反対の方はいますか？)

in agreement「合意して」 agree on ...「…に賛成する」 issue「論点」
disagree with ...「…に反対する」

●関連表現 Related Expressions このシーンに関連した英語を覚えよう

① 賛成意見をたずねる表現です

- Who agrees with using a new designer?
  (新しいデザイナーを使うことに賛成の方は？)

- Who supports* my plan of holding* a workshop?
  (ワークショップを開催するという私のプランを支持する方は？)

- Who's for* this plan?
  (このプランに賛成の方は？)

support「支持する」 hold「開催する」 for ...「…に賛成で」

② 反対意見をたずねる表現です

- Who doesn't think we should continue with magazine advertising?
  (雑誌広告を続けるべきではないと思う方は？)

- Are you against the idea of doing a Q&A session?
  (あなたは質疑応答を設けるという考えに反対ですか？)

- Who is opposed to* handing out product samples?
  (商品サンプルを配るのに反対の方は？)

be opposed to ...「…に反対する」

③ 次のような表現で賛成か否かをはっきりと全員にたずねることができます

- Who's for going with* online advertising, and who's against it?
  (ネット広告でいくということに賛成の方は？ 反対の方は？)

- Who thinks we should give a presentation, and who thinks we should hold a seminar?
  (プレゼンをやるべきと思う方は？ セミナーをやるべきと思う方は？)

- Who supports the plan of giving out product samples and who doesn't?
  (商品サンプルを配るプランを支持する方は？ 支持しない方は？)

go with ...「…を選ぶ；…の線でいく」

Unit 88 「賛成する」

Expressing Approval

●重要表現 Key Expressions

I also think we should hire new people.
(私も新しいスタッフを募集すべきだと思います)

ここがポイント

会議の中である事柄に賛成するときに使える表現をいくつか覚えておきましょう。agree with ...「…に賛成する」のほかにもいろいろな言い方があります。

●会話例 Dialogue

A What do you think?
(どう思いますか？)

B I also think we should hire new people.
(私も新しいスタッフを募集すべきだと思います)

A Why do you say that?
(なぜでしょうか？)

B I agree with what David said. It can take ages* for someone to master a language.*
(デイヴィッドが言ったことに賛成します。言語の習得には長い時間がかかりかねないので)

ages「長期間」　master a language「言語を習得する」

●類似表現 Similar Expressions　重要表現の類似表現をいっしょに覚えよう

- I feel the same way.
  (私も同様に思います)

- I have the same opinion.
  (私も同意見です)

- I'm behind* this plan.
  (このプランを支持します)

be behind ...「…を応援する；支持する」

●関連表現 Related Expressions　このシーンに関連した英語を覚えよう

① 全面的な賛成を伝える際に使える表現です

- I agree completely.*
  （全面的に賛成です）

- I couldn't agree more.
  （大賛成です）

---
completely「全面的に；すっかり」

---

② 特定の人物の意見に賛成していると、はっきり言いたいときの表現です

- I agree with what you said at the opening of the meeting.*
  （会議の冒頭であなたが言ったことに賛成です）

- I agree with what you said about using visual aids* during the presentation.
  （プレゼンでの視覚機材の使用についてあなたが言ったことに賛成です）

- I feel the same way as April.
  （エイプリルと同じ考えです）

---
opening of the meeting「会議の冒頭」　visual aid「視覚機材」

---

③ 理由を示しながら賛成意見を述べる表現です

- I'm also for continuing with magazine advertising, because it has always been beneficial* for us.
  （雑誌広告は常に効果的でしたので、続けることに私も賛成です）

- I agree with what you said about having a Q&A session, since we want to make the event interactive.*
  （イベントをインタラクティブなものにしたいので、質疑応答を設けることについては、あなたの言ったことに賛成です）

- I have the same opinion as April, because people will be interested in seeing our products.
  （みんなわが社の商品を見たいと思いますので、エイプリルと同意見です）

---
beneficial「有益な」　interactive「双方向の」

第3章　会議・交渉の英語

Unit 89 「反対する」

Expressing Opposition

●重要表現 Key Expressions

> I really disagree with the idea of sending our staff.
> （スタッフを送るという考えにはまったく反対です）
>
> **ここがポイント**
> 提案された計画などに反対するときには、はっきりした表現で伝えることが大切です。反対の論拠まで含めて説明すれば、会議の参加者に納得のいく説明になります。

●会話例 Dialogue

A I really disagree with* the idea of sending our staff.
（スタッフを送るという考えにはまったく反対です）

B Why do you say that?
（なぜでしょうか？）

A I don't think it is realistic. They could never learn even a little Mandarin in that amount of time.
（現実的ではないと思います。そんな期間では中国語はほんの少しも覚えられないでしょう）

B I see.
（わかりました）

A So I think we should give up* on the idea altogether.*
（だからその考えはあきらめるほうがいいと思います）

disagree with ...「…に反対する」　give up「あきらめる」　altogether「完全に；すっかり」

●類似表現 Similar Expressions　重要表現の類似表現をいっしょに覚えよう

> I have to disagree with you.
> （あなたの意見には反対せざるを得ません）
>
> I don't share* your opinion.
> （あなたと同意見ではありません）
>
> I really don't think so.
> （まったくそうは思いません）

share「共有する」

● **関連表現** Related Expressions このシーンに関連した英語を覚えよう

① 強い反対意見を示すときには次のような表現があります

- I'm strongly opposed to* abandoning* magazine advertising.
  （雑誌広告をあきらめることには強く反対します）
- I really disagree with the idea of wasting paper to print handouts.
  （資料をプリントして紙を無駄遣いする考えにはまったく反対です）
- I have the exact opposite* opinion.
  （私は正反対の意見です）

be opposed to ...「…に反対する」 abandon「捨て去る」 opposite「正反対の」

② やや控えめに反対意見を述べる表現です

- I'm afraid I don't agree.
  （すみませんが賛成できません）
- I understand your position,* but I don't feel the same way.
  （あなたの立場はわかりますが、同意できません）

position「立場」

③ さらに婉曲的に反対したいときの表現です

- Is that really the best course of action* for us?
  （それが私たちにとってほんとうに最善の方策でしょうか？）
- Couldn't we think of a better idea?
  （もっといい考えはないでしょうか？）
- That's probably not the best option for us.
  （おそらくそれは私たちにとって最善の選択肢ではないでしょう）

course of action「方針；方策」

Unit 90 「理由をたずねる／述べる」
Asking the Reasons for Something/Giving Reasons

●重要表現 Key Expressions

> **The main reason is that they are already fully trained.**
> (おもな理由は、彼らが完全に研修済みということです)

ここがポイント
強い賛成意見、反対意見などを述べる場面では、その理由も同時に伝えると、参加者に自分の考えが伝わりやすくなります。

●会話例 Dialogue

A Todd, why do you think it is better to send our staff?
(トッドさん、なぜうちのスタッフを送ったほうがいいと思うんですか？)

B The main reason* is that they are already fully* trained.*
(おもな理由は、彼らが完全に研修済みということです)

A I see.
(わかりました)

B The fact that they already understand their jobs makes them perfect for the new office.
(仕事がすでにわかっているということで、彼らは新しいオフィスにとって完璧なんです)

main reason「おもな理由」　fully「完全に」　trained「研修済みの」

●類似表現 Similar Expressions　重要表現の類似表現をいっしょに覚えよう

- The most important factor* is work experience.
  (もっとも重要な要因は仕事の経験です)

- An important thing to consider* is cost to the company.
  (考慮すべき重要な点は、会社のコストです)

- My decision is based on* the limited budget.
  (予算が限られているのでこう判断しました)

factor「要因」　consider「考慮する」　be based on ...「…に基づく；…を根拠とする」

● 関連表現 Related Expressions このシーンに関連した英語を覚えよう

(1) 理由を示しながら自分の意見を述べる表現です

- I'm against* hiring* new designers because it would be too risky.*
  (リスクがありすぎるので新しいデザイナーを採用するのには反対です)

- I don't agree with the suggestion* of doing a one-way presentation, because it will be too boring* for participants.*
  (参加者には退屈すぎるので、一方的なプレゼンをするという提案には賛成しません)

against ...「…に反対して」 hire「採用する」 risky「危険な」 suggestion「提案」 boring「退屈な」 participant「参加者」

(2) 相手の意見に対して、その理由をたずねる表現です

- Why do you say that?
  (なぜでしょうか？)

- How did you arrive at that conclusion?*
  (なぜその結論に達したんですか？)

- Why do you feel that way?
  (なぜそのように考えるんですか？)

conclusion「結論」

(3) 反対意見が出たときには次のようにその理由をたずねる必要があります

- Why do you disagree so strongly?*
  (どうしてそんなに強く反対するんですか？)

- What do you have against* my plan?
  (私のプランに反対な理由はなんですか？)

- What problem do you have with my suggestion?
  (私の提案にどんな問題があると思うんですか？)

strongly「強く」 have against ...「…が気に入らない」

Unit 91 「問題点を述べる／利点を述べる」
Expressing Pros and Cons

●重要表現 Key Expressions

The plus side is they wouldn't need training.
（利点は彼らには研修が必要ないということです）

ここがポイント
会議の話し合いでは、プランや提案などのプラス面とマイナス面を明らかにする必要があります。ここでは利点と問題点を述べる際に使える表現を押さえておきましょう。

●会話例 Dialogue

A What would be the pros* of sending our staff to China?
（うちのスタッフを中国に送るとしたら利点はなんでしょうか？）

B The plus side* is they wouldn't need training.
（利点は彼らには研修が必要ないということです）

A I see.
（なるほど）

B The minus side* is we would have to pay for their housing in Beijing.
（問題点は北京での住宅費を払わなくてはならないことですね）

pros and cons「プラス面とマイナス面；賛否両論；長所と短所」 plus side「利点；長所」
minus side「問題点；短所」

●類似表現 Similar Expressions 重要表現の類似表現をいっしょに覚えよう

The advantage* of this option is that it would be much cheaper.
（この選択肢の利点は、費用がずっと安くすむことです）

This plan has a lot of pros.
（このプランにはたくさんの利点があります）

There would be many benefits* for us.
（私たちにとって多くの利益があります）

advantage「利点」 benefit「利益；恩恵」

● 関連表現 Related Expressions このシーンに関連した英語を覚えよう

① 自分の意見や提案の利点を伝えたいときの表現です

- The main advantage of online advertising is that we would be able to start the campaign right away.*
（ネット広告のおもな利点は、すぐにキャンペーンを始められるということです）

- The best thing about doing a presentation is that we would be able to share* a lot of information about our company.
（プレゼンをするいちばんの長所は、わが社に関する多くの情報をシェアできるという点です）

right away「いますぐ」　share「共有する；分かち合う」

② 欠点や短所を指摘する表現、さらに利点と欠点の両方を述べる表現です

- The drawback* of online advertising is that it would probably be less effective* with older people.
（ネット広告の欠点は、おそらく高年齢層にはあまり効果的ではないということです）

- The bad point of doing a presentation is the participants won't have the opportunity to ask questions.
（プレゼンの短所は、参加者が質問する機会がないということです）

- On the one hand,* giving out product samples would create a very good impression for our company. On the other hand,* handing out samples might get rather costly.
（商品サンプルを配ることでわが社のイメージアップができる一方で、非常にコストがかかります）

drawback「欠点」　effective「効果的な」
on the one hand, ... on the other hand, ...「一方では…、他方では…」

③ 相手のプランや提案に対して、利点と欠点をたずねる表現も覚えておきましょう

- What are the advantages and drawbacks of online advertising?
（ネット広告の利点と欠点はなんですか？）

- What would be the good and bad points of doing a presentation?
（プレゼンをする利点と欠点はなんでしょうか？）

- What would be the pros and cons of giving away product samples?
（商品サンプルを配る長所と短所はなんでしょうか？）

第3章 ◎ 会議・交渉の英語 ◎

Unit 92 「提案を求める」

Asking for Suggestions

●重要表現 Key Expressions

Does anyone have any suggestions?
(なにか提案のある方はいますか？)

ここがポイント

活発な会議では多くの人に多様な提案の機会を与えるような進行が理想です。会議でより多くの意見を出してもらうために、提案 = suggestion を求めるときの表現のバリエーションを身につけましょう。

●会話例 Dialogue

A Does anyone have any suggestions?*
(なにか提案のある方はいますか？)

B I think we need to investigate* the costs of both plans.
(両方のプランのコストを調べる必要があると思います)

A Any other ideas?
(ほかになにか意見はありますか？)

B I suggest we first ask some of our staff if they would be interested in working in Beijing.
(まずはいまのスタッフの中で北京で仕事したい人がいるか聞いたほうがいいと思います)

suggestion「提案；提言」 investigate「調べる」

●類似表現 Similar Expressions　重要表現の類似表現をいっしょに覚えよう

Does anyone have another* idea?
(どなたかほかの意見はありますか？)

Can someone suggest another approach?*
(どなたか別のアプローチ法を提案をしてもらえませんか？)

Can anyone think of another option?
(どなたかほかの選択肢は思いつきませんか？)

another「別の」 approach「アプローチ；提案」

●関連表現 Related Expressions このシーンに関連した英語を覚えよう

① 議題に関して提案を求める一般的な表現です

- Can anyone think of another magazine where we can advertise?*
  (わが社が広告を出せる別の雑誌を、どなたか思いつきませんか？)
- I'd like to hear all of your ideas for the presentation.
  (あらゆるプレゼンのアイデアをみなさんからお聞きしたいんです)
- Who has some suggestions for the trade fair?
  (トレード・フェアに関してどなたか提案はありますか？)

advertise「広告を出す」

② さらに具体的な提案を求めるときには次のようにたずねます

- What do you suggest we include* in the presentation?
  (プレゼンにはどんな内容を入れたらいいと思いますか？)
- What kind of visuals should we put into our pamphlets?
  (パンフレットにはどんなヴィジュアルを入れればいいでしょうか？)

include「含める；入れる」

③ 特定の人に提案を求めるときには次のような指名の仕方があります

- Aaron, what are your suggestions for the advertising campaign?
  (アーロン、広告キャンペーンについてあなたの提案は？)
- Helen, what do you think?
  (ヘレン、どう思いますか？)
- Eric, we haven't heard from you yet.
  (エリック、あなたからまだ意見を聞いていません)

Unit 93 「代替案を提案する」

Suggesting an Alternative Plan

●重要表現 Key Expressions

An alternative plan would be to recruit some people in China and also send some of our staff.
(中国で何人かを募集して、ここのスタッフも送るという代案もあります)

ここがポイント

すでに出ている案に同意できない場合などに、代替案を提案してさらにディスカッションを進めましょう。

●会話例 Dialogue

A Can anyone think of anything else?
(ほかになにか提案のある方はいますか？)

B An alternative* plan would be to recruit some people in China and also send some of our staff.
(中国で何人かを募集して、ここのスタッフも送るという代案もあります)

A You mean do both?
(両方をやるということですか？)

B Yes. We could hire six Chinese and send six of our staff. Then it would be the best of both worlds.*
(はい。中国人を6人募集して、うちのスタッフの中から6人を送ることもできます。そうすれば、両方の案の長所を生かせます)

---

alternative「代わりの」
best of both worlds「ふたつのものそれぞれの長所両方」

●類似表現 Similar Expressions 重要表現の類似表現をいっしょに覚えよう

- I suggest having the audience participate.*
  (聴衆に参加してもらうことを提案します)
- I think TV ads would be more effective.*
  (テレビ CM のほうが効果的だと思います)
- We could set up* a monitor showing a video of our products.
  (商品のビデオを流すモニターを置いてもいいと思います)

---

participate「参加する」　effective「効果的な」　set up「設置する」

● **関連表現** Related Expressions このシーンに関連した英語を覚えよう

(1) 代替案を述べる際に前置きする表現です

- We could try something completely* different.
  (まったく別のことをやってみてもいいかもしれません)
- It may be possible to do something different altogether.
  (別のことを同時にやるということも可能かもしれません)
- I'd like to float* another possibility.*
  (別の可能性を提案したいのですが)

completely「完全に」 float「提案する」 possibility「可能性」

(2) 別の意見を引き合いに出しながら代替案を述べる表現です

- We should use a video rather than* actual* products.
  (ビデオより実際の製品を使ったほうがいいでしょう)
- How about doing an interactive workshop, instead of* a presentation?
  (プレゼンよりも、インタラクティブなワークショップをやったらどうでしょうか?)

rather than ...「…よりむしろ」 actual「実際の」 instead of ...「…の代わりに」

(3) 具体的な代替案を求めるときの表現です

- Can someone think of another way we can advertise our new products?
  (どなたか新製品を宣伝する別の方法を思いつきませんか?)
- Is there something we could do other than* a seminar or a presentation?
  (セミナーやプレゼン以外にできることはなにかありませんか?)
- Does anyone have an alternate plan for what to include in the display booth?
  (ブースに並べるものとして代案はありませんか?)

other than ...「…以外の」

Unit 94 「選択肢を提示する」

Giving Alternatives

● 重要表現 Key Expressions

Basically, we have two options.
（基本的には、2つの選択肢があります）

ここがポイント
現在の課題、問題点などについて話し合う場面では、現状の適切な説明に加えて、対処の選択肢の提示を明確に行う必要があります。

● 会話例 Dialogue

A As I said before, today we need to decide how to staff the office in Beijing. **Basically, we have two options.** We can have twelve of our people study Mandarin and transfer* them, or we can recruit* 12 Chinese people.
（以前もお話したように、今日はどうやって北京のオフィスにスタッフを配置するか決めなければなりません。基本的には2つの選択肢があります。わが社のスタッフの12人に中国語の勉強させて転属させるか、中国人を12人を採用するかです）

transfer「転属させる」 recruit「採用する」

● 類似表現 Similar Expressions　重要表現の類似表現をいっしょに覚えよう

- We can work with our previous* designer, or go with* a new one.
（いままでと同じデザイナーとやるか、あるいは新しいデザイナーを選ぶこともできますね）

- We opt for* short presentation, or a longer workshop.
（短いプレゼンをするか、もっと長いワークショップかどちらかですね）

- There are two choices for the size of our display space.
（展示スペースの広さは2つの選択肢があります）

previous「以前の」　go with ...「…を選ぶ」　opt for ...「…を選ぶ」

●関連表現 Related Expressions このシーンに関連した英語を覚えよう

(1) 話し合いの選択肢を伝える表現をさらに増やしましょう

- We found three designers, and we need to choose* one.
  (デザイナーが3人見つかったので、ひとりを選ばなくてはなりません)
- We should choose either a simple presentation or* a workshop style.
  (シンプルなプレゼンテーションをするか、ワークショップの形でやるか、どちらかに決めたほうがいいですね)
- We should decide if we just want catalogues in the booth, or if we want to include sample products too.
  (展示ブースに入れるのはカタログだけか、商品サンプルも入れるか決めたほうがいいですね)

choose「選ぶ」 either A or B「AかBのどちらか」

(2) 選択肢の決定に関する付加情報を伝える表現です

- We have a bigger budget for the design work.
  (デザインの予算が増えました)
- We have access to* a large auditorium.*
  (大ホールを使用できます)
- There will be around 200 people there.
  (出席者は200人ぐらいになります)

have access to ...「…を利用できる」 auditorium「ホール；講堂」

(3) 選択肢の決定に影響しそうなマイナス要因を述べるときには次のような言い方ができます

- We have limited* space for our display.
  (展示に使えるスペースは限られています)
- We will only have twenty square meters.*
  (広さは20平方メートルしかありません)

limited「限られた」 square meter「平方メートル」

Unit 95 「妥協を提案する」

Suggesting a Compromise

● 重要表現 Key Expressions

Shall we come to a compromise?
（妥協しませんか？）

ここがポイント
複数の意見が対立して結論を出すのが難しいときには、相手に妥協を求める表現をうまく使って話をまとめましょう。

● 会話例 Dialogue

A Todd, you still think it is best to send twelve of our current staff?
（トッドは、いまのスタッフの中から 12 人を送るのがいちばんいいとまだ思っていますよね?）

B Yes, but I also see David's point that cultural knowledge is important.
（そうですが、文化的な知識が大事だというデイヴィッドの意見もわかります）

C And I understand Todd's opinion about product knowledge.
（私も、商品知識についてのトッドの意見はわかっています）

B **Shall we come to a compromise*** and say we will further look into* both options?
（妥協して、両方の選択肢をもっと調べてみることにしましょうか?）

come to a compromise「妥協する」 look into ...「…を調べる」

● 類似表現 Similar Expressions　重要表現の類似表現をいっしょに覚えよう

Perhaps we can find some middle ground.*
（たぶん妥協点を見いだせるでしょう）

Maybe it is possible for us to find a third alternative.*
（第三の選択肢を見つけられるでしょう）

Maybe we can do a bit of both.
（どちらも少しずつ取り入れてやることもできるでしょう）

middle ground「妥協点」 alternative「選択肢；代案」

●関連表現 Related Expressions このシーンに関連した英語を覚えよう

① 具体的な妥協案を提案する際の前置き表現として使えます

- Allow me to* suggest a compromise.
  (妥協案を提案させてください)

- I think we can come to a compromise on this issue.*
  (この問題については妥協できるのではと思います)

allow ... to ...「…が…するのを許す」 issue「問題」

② 具体的な妥協案を提案する表現です

- I propose* we use half of the budget for magazine ads and half for online advertising.
  (雑誌広告とネット広告に予算を半分ずつ使ったらどうでしょうか)

- We could combine* the two suggestions and have a short presentation followed by* a Q&A session.
  (2つの提案を組み合わせて、短いプレゼンと質疑応答をやってもいいと思います)

- We could hand out both product samples and catalogues.
  (商品サンプルとカタログ両方を配ってもいいでしょう)

propose「提案する」 combine「組み合わせる」 followed by ...「あとに…が続く」

③ 相手に状況を理解してもらい妥協を求める表現です

- I'm really not sure what we can do about this.
  (これについてはどうすればいいかほんとうによくわかりません)

- Can you deal with* this difficult problem?
  (この難しい問題に対応してもらえませんか？)

- We have a difficult situation on our hands.
  (難しい状況です)

deal with ...「…に対応する」

Unit 96 「自分の意見を変える／取り下げる」
Changing or Withdrawing an Opinion

●重要表現 Key Expressions

Earlier I said it is better send our staff, but now I don't think so.
（以前ここのスタッフを送ったほうがいいと言いましたが、いまはそうは思いません）

ここがポイント

ほかの意見や提案を聞いて、すでに表明した自分の意見を変えたり取り下げたりしたい場合があります。まずは自分の以前の意見を述べたあと、意見をどのように変えるのかを伝えましょう。もちろんその理由をいっしょに述べることも忘れずに。

●会話例 Dialogue

A Earlier I said it is better send our staff, but now I don't think so.
（以前ここのスタッフを送ったほうがいいと言いましたが、いまはそうは思いません）

B Why do you say that?
（なぜでしょうか？）

A David convinced* me that knowledge of the local culture is important.
（デイヴィッドの文化知識が大切だという意見に納得したんです）

B I see.
（わかりました）

A So now I support* hiring people in China.
（ですので、いまは中国でスタッフを募集する案を支持します）

convince「納得させる」　support「支持する；支援する」

●類似表現 Similar Expressions　重要表現の類似表現をいっしょに覚えよう

- I said a presentation would be better, but now I don't think so.
（プレゼンのほうがいいと言いましたが、いまはそうは思いません）

- At first, I thought online advertising was the only way to go, now I'm not so sure.
（はじめはネット広告が唯一選ぶべき方法だと思っていましたが、いまはそうでもないように思います）

- I thought giving out a lot of product samples was a good idea, but not now.
（多くの商品サンプルを配るのはいいアイディアだと思っていましたが、いまは違います）

● 関連表現 Related Expressions このシーンに関連した英語を覚えよう

① 自分の意見が変わったことを伝える表現です

- I've changed my mind.
  (意見が変わりました)
- I'd like to change my vote.*
  (意見を変えたいんです)
- Now I favor* the other option.
  (いまは反対の意見を支持します)

vote「投票；支持」　favor「賛成する」

Unit 74 の ③ の表現も参考にしましょう。

② 意見を取り下げたいときは次のような表現が使えます

- I'd like to withdraw* the opinion I expressed earlier.
  (以前表明した意見は取り下げたいと思います)
- I want to take back* what I said earlier.
  (以前に言ったことは取り消したいんです)

withdraw「(発言などを) 取り下げる」　take back「元に戻す；(発言などを) 取り消す」

③ 変更後の自分の意見を述べる表現です

- Now I believe it is better to advertise in various* places.
  (いまはさまざまな場所で宣伝したほうがいいと思います)
- Now I agree that a workshop would be more impressive.*
  (いまはワークショップのほうが印象が強いということに賛成です)
- You have convinced me that showing a video would be simpler.
  (ビデオを見せるほうが簡単だというあなたの意見に納得しました)

various「さまざまな」　impressive「印象的な」

Unit 97 「意見が一致しない場合」
Ending with a Disagreement

●重要表現 Key Expressions

It looks like we still have disagreement on which plan is best.
（どちらの計画が最善かについてはまだ意見の不一致があるようです）

ここがポイント
会議の参加者全員の意見の一致が得られない場合には、どのような意見の対立があるかを整理してわかりやすく伝える必要があります。

●会話例 Dialogue

A Does anyone have anything else to add?
（最後になにか言いたい人がいますか？）

B No, I don't think so.
（いえ、ないと思います）

A Well, **it looks like we still have disagreement* on which plan is best.**
（それではどちらの計画がいいかまだ意見の不一致がありそうですね）

C Yes, I still stand by* what I said at first.
（はい。私は最初に言った意見をまだ支持しています）

---

disagreement「意見の不一致；相違」　stand by ...「…を支持する」

●類似表現 Similar Expressions　重要表現の類似表現をいっしょに覚えよう

- It seems we don't agree on this issue.*
（この問題については意見が一致しないようですね）

- We haven't come to an agreement* yet.
（まだ意見の一致には達していませんね）

- It seems we are still undecided.*
（まだ結論に至っていないようですね）

---

issue「問題」　come to an agreement「意見の一致に至る」
undecided「未決定の；未決着の」

● 関連表現 Related Expressions このシーンに関連した英語を覚えよう

① 意見が一致していない点を具体的に述べる表現です

- It seems we don't all agree on what kind of advertising to do.
  (どんな広告を出すべきかまだ意見が一致していないようです)

- We still haven't decided the format* of the presentation.
  (プレゼンの形式はまだ決定していません)

- We are still undecided on what to do at the trade fair.
  (トレード・フェアでなにをすべきかまだ決定していません)

format「フォーマット；形式」

② 次のように賛成意見と反対意見を整理して伝えましょう

- Some of you support* online advertising, and the others support print advertising.
  (ネット広告を支持している人もいるし、紙媒体の広告を支持している人もいますね)

- Half of you think a presentation would be better, and the other half think a workshop is better.
  (プレゼンのほうがいいと考えている人が半数、ワークショップのほうがいいと考えている人が半数いますね)

- Some of us think handing out* sample products is a good idea and some of us don't think it is such a good idea.
  (商品サンプルを配るのがいいアイデアだと思っている人もいるし、またそうではないと思っている人もいますね)

support「支持する」 hand out「配る」

③ 意見の食い違いの理由を振り返って伝える表現です

- Some people have said that online advertising is good for reaching younger generations,* but others have said that it would not appeal* to older people.
  (ネット広告は若い世代にアピールするのでいいと言う人もいましたが、それでは高年齢層にはアピールできないと言う人もいましたね)

- Some of you think handing out samples would be prohibitively* expensive.
  (商品サンプルを配るのには非常にコストがかかると考えている人もいました)

generation「世代」 appeal「興味をそそる」 prohibitively「法外に；ひどく」

Unit 98 「採決を取る」

Taking a Vote

● 重要表現 Key Expressions

Before we close, could I just get a yea or nay from each of you?
（会議を終える前に、みなさんの賛否をうかがえますか？）

ここがポイント
採決を取るときの表現、またその結果を伝える表現を覚えておきましょう。賛成のことは yea「イェイ」あるいは aye「アイ」、反対のことは nay「ネイ」と表現します。

● 会話例 Dialogue

A Before we close, could I just get a yea or nay* from each of you? Who thinks we should send our staff to China?
（会議を終える前に、みなさんの賛否をうかがえますか？ 中国にここのスタッフを送るべきとお考えの方は？）

B I do.（はい）

C Me too.（私もです）

A That's two. And who thinks we should hire people in China?
（ふたりですね。では中国で募集したほうがいいと思う方は？）

D I do.（はい）

E And me.（私もです）

A Ellen, what about you?（エレン、あなたはどうですか？）

F I'm still undecided.（まだ決まっていません）

yea or nay「イエスかノーか；賛否」

● 類似表現 Similar Expressions　重要表現の類似表現をいっしょに覚えよう

Can I get a "yes" or "no" from everyone?
（みなさんから賛否を聞かせてもらえますか？）

Can I check who agrees and disagrees with the plan?
（このプランに賛成の方、反対の方をチェックしていいですか？）

Could each of* you say which plan you agree with?
（みなさん、それぞれどちらのプランに賛成か言っていただけますか？）

each of ...「…のそれぞれ」

●関連表現 Related Expressions このシーンに関連した英語を覚えよう

① 賛成意見の人をたずねる表現です

- Who agrees with doing only online advertising?
  (ネット広告のみを出すことに賛成の方は？)
- Please raise your hand* if you agree with doing a workshop.
  (ワークショップをやることに賛成の方は挙手願います)
- How many of you think we should hand out product samples?
  (何人の方が商品サンプルを配るべきとお考えですか？)

✎ raise one's hand「挙手する」

② 賛成意見に続いて反対意見の人をたずねる表現です

- And who doesn't think we should go with online advertising?
  (ネット広告は出すべきでないとお考えの方は？)
- And those of you who don't consent* to doing workshop, please raise your hands.
  (ワークショップを開催することに同意されない方、挙手願います)
- And how many of you don't agree about handing out samples?
  (何人の方がサンプルを配ることに反対ですか？)

✎ consent「承諾する；同意する」

③ 採決の結果を説明する表現です

- It's unanimous.* Everyone is for doing a workshop.
  (全員一致でした。みなさんワークショップの開催に賛成ですね)
- The majority* of us agree with handing out samples.
  (大多数の方がサンプルを配ることに賛成ですね)

✎ unanimous「全員一致で；合意して」　majority「大多数」

Unit 99 「会議の成果・結論を述べる」
Summarizing a Meeting

●重要表現 Key Expressions

So today we went over how to staff our new office in China.
(今日は、新しい中国オフィスにどうやってスタッフを配置すればいいか相談しました)

ここがポイント
会議が終わりに近づいたら、話し合った議題と、どのように話し合いが進んだかを整理して説明しましょう。

●会話例 Dialogue

A So today we went over* how to staff our new office in China. One option is sending some of our sales representatives to China. The advantage* of this would be they have product knowledge, and the disadvantage* is that it would be hard for them to learn Mandarin. The other option is to hire Chinese people. The pro is that they know the Chinese market, and the con is their training would take a long time.
(今日は新しい中国オフィスのスタッフをどのように配置すればいいか検討しました。選択肢のひとつは、いまの営業部員を中国に送ることです。この利点は彼らに商品知識があることですが、問題は中国語を覚えるのが難しいという点です。もうひとつの選択肢は中国人を採用することです。この利点は彼らが中国の市場をわかっていることで、問題は研修に長期間かかるという点です)

go over ... 「…を検討する；調べる」　advantage「利点」　disadvantage「不利な点」

●類似表現 Similar Expressions　重要表現の類似表現をいっしょに覚えよう

- We have gone over a lot of important issues today.
(今日は重要な問題を多数検討しました)

- In this meeting we covered* our new office.
(この会議では新しいオフィスについて取り上げました)

- We discussed hiring new staff.
(新しいスタッフの採用について話し合いました)

cover「(話題などを) 取り上げる」

●関連表現 Related Expressions このシーンに関連した英語を覚えよう

① おもな話し合い内容について総括する表現です

- We've talked about how to best represent* ourselves at the Green Business Fair.
  (グリーン・ビジネス・フェアでわが社をアピールできる最良の方法について話し合いました)

- We've been debating* the best options for our display booth at the trade fair.
  (トレード・フェアでの陳列ブースをどのようにするのがベストか討論してきました)

represent「表現する；説明する」 debate「討論する」

② 具体的な話し合い内容を説明する表現です

- The main options we have discussed are continuing with print advertising or moving to online advertising.
  (話し合ったおもな選択肢は、紙媒体の広告を続けるかネット広告に移行するかです)

- The two basic scenarios* we have talked about are giving a presentation or organizing* a workshop.
  (話し合った基本的なふたつのプランは、プレゼンをするかワークショップを開催するかです)

- We can either hand out samples of our products or show a video about our company.
  (サンプルまたは商品を配る、あるいはわが社のビデオを見せることもできるということになりましたね)

scenario「考えられる状況；計画」 organize「準備する；開催する」

③ 話し合いの結果や決定事項を伝える表現です

- The outcome* of our discussion is that we will be using part of the campaign budget for online advertising and part for print ads.
  (話し合いの結果、キャンペーンの予算の一部をネット広告に、また一部を紙媒体の広告に使うことになりました)

- We've resolved* to go with a workshop format.
  (ワークショップという形態を採用することに決定しました)

- We are still undecided on whether we should hand out product samples.
  (商品サンプルを配るべきか否かまだ決定していません)

outcome「結果」 resolve「決意する」

第3章 会議・交渉の英語

Unit 100 「結論を先に延ばす」

Deferring a Decision

● 重要表現 Key Expressions

I suggest we carry on with this topic at another meeting next week.

（来週のミーティングでこの議題を続けて話しましょう）

ここがポイント

会議が終わるまでに議論が決着しない場合には、結論を先に延ばすことになります。ここでは結論を先送りし次回の会議で話し合うことを伝える表現などを見ていきます。

● 会話例 Dialogue

A We have not come to an agreement today. **I suggest we carry on* with this topic at another meeting next week.** We can discuss it further and in more detail* and come to a decision.
（今日はまだ意見の一致に至りませんでした。来週のミーティングでこの議題の話し合いを続けましょう。さらにもっと詳しく話し合って結論が出せるでしょう）

carry on「続ける」　in more detail「もっと詳しく」

● 類似表現 Similar Expressions　重要表現の類似表現をいっしょに覚えよう

- Shall we continue this discussion at our next meeting?
（次回のミーティングでこの話し合いを続けましょうか？）

- Let's pick up* this topic again next time.
（次回またこの話題を取り上げましょう）

- Let's come back* to this issue later.
（また後ほどこの話題を話しましょう）

pick up「取り上げる」　come back「戻ってくる」

●関連表現 Related Expressions このシーンに関連した英語を覚えよう

① 意見が一致せずにミーティングを終える場合はその点についても説明します

- We have yet to conclude* how much of the budget to use for online advertising.
  (ネット広告に予算のどのくらいを使えるのか、まだ結論に達していません)
- We still haven't determined* how long the workshop should be.
  (ワークショップをどの程度の長さにするかまだ決まっていません)
- We don't know if we should use video, product samples or both.
  (ビデオを使うべきか商品サンプルにするか、あるいは両方使うのか、まだわかりません)

conclude「結論を出す」 determine「決定する」

② 性急な結論を避けたいときには次のような表現で、出席者に呼びかけましょう

- We should take more time to consider before we come to a decision.*
  (結論を出す前にもう少し時間を取って考えたほうがいいでしょう)
- We shouldn't be too hasty* in making a decision.
  (あまり急いで結論を出さないほうがいいでしょう)

come to a decision「結論に達する」 hasty「急いで；性急に」

③ 次回のミーティングで議論を続けるにあたって、参加者に指示を与える表現です

- Helen, would you mind getting some quotes* for online advertising by next week?
  (ヘレン、来週までにネット広告の見積もりをいくつか取っておいてもらえませんか？)
- Steve, please check with the fair organizers* if we can have more time for the presentation.
  (スティーヴ、プレゼンにもっと時間をもらえないかフェアの事務局に確認してください)
- Paul, could you please prepare an estimate* of costs if we do hand out samples?
  (ポール、サンプルを配る場合のコストの見積もりを用意してもらえますか？)

quote/estimate「見積もり」 organizer「主催者；事務局」

◎第3章◎ 会議・交渉の英語

Unit 101 「会議を終える」

Ending a Meeting

●重要表現 Key Expressions

That concludes today's meeting.
(今日のミーティングはこれで終わります)

ここがポイント
会議を締め括るときの決まり文句をいくつか覚えておくといいでしょう。conclude は「締め括る」という意味の動詞です。

●会話例 Dialogue

A Everyone raised a lot of good points* at today's meeting. Thank you for your time and input.* **That concludes* today's meeting and I look forward to seeing you all next week.**
(みなさん今日のミーティングではいいポイントを出してくれました。時間を割いて考えを出してくれてありがとう。今日のミーティングはこれで終わります。来週また会いましょう)

raise a good point「いいポイントを取り上げる」 input「(意見などの)提供」 conclude「終える」

●類似表現 Similar Expressions 重要表現の類似表現をいっしょに覚えよう

- That brings this meeting to a close.*
  (ミーティングはこれにて終了です)
- That's all for today.
  (今日はここまでにしましょう)
- We're finished for now.*
  (今日のところはこれで終わりです)

bring ... to a close「…を終わらせる」 for now「いまのところは」

●関連表現 Related Expressions このシーンに関連した英語を覚えよう

① 出席者から積極的な意見が出ていたら、次のように評価しましょう

- Everyone contributed* a lot of good opinions today.
  (今日はみなさんからいい意見をいただきました)
- Some very good opinions were expressed today.
  (今日はいくつかとてもいい意見が出ましたね)

contribute「提供する；貢献する」

② 出席者全員への感謝の言葉も忘れずに

- Thanks to everyone for their contributions* today.
  (みなさんご貢献いただきありがとう)
- Thank you all for your ideas.
  (みなさんアイデアを出してくれてありがとう)
- Thanks for your time, guys.*
  (みんな時間を割いてくれてありがとう)

contribution「貢献；提案」　guys「あなたたち（呼びかけの言葉で男女両方に使われる）」

③ 会議のいちばん最後には次のような表現で締め括ります

- I look forward to meeting with you all again tomorrow.
  (明日またみなさんに会うのを楽しみにしています)
- I'm looking forward to next week.
  (来週を楽しみにしています)
- I'll see you again next week, guys.
  (みんなまた来週会いましょう)

第3章 会議・交渉の英語

第4章

プレゼンの英語

Unit 102 「聴衆へのあいさつ／自社紹介／自己紹介」
Making Greetings, Introductions and Company Introductions

●重要表現 Key Expressions

Thank you for coming to this talk.
（このプレゼンに来てくださりありがとうございます）

ここがポイント
プレゼンを始めるにあたってのあいさつは非常に重要です。単なるあいさつに留まらず、会社や自分の仕事内容についての基礎的な知識を伝えます。

●会話例 Dialogue

A Good afternoon, everyone. Thank you for participating in the Green Business Fair and **thank you for coming to this talk.*** My name is Walter Carlsen. I'm the project director for ABC Computers. I have been working at ABC for about five years.
（みなさんこんにちは。グリーン・ビジネス・フェアに参加してくださり、またこのプレゼンに来てくださりありがとうございます。ウォルター・カールセンと申します。ABCコンピューターズのプロジェクト・ディレクターです。ABCに勤めて約5年になります）

talk「講演；プレゼン」

●類似表現 Similar Expressions　重要表現の類似表現をいっしょに覚えよう

- Good morning, ladies and gentlemen. I appreciate* you all for joining* this presentation.
（みなさん、おはようございます。このプレゼンにお越しいただきありがとうございます）

- Hello, everyone, and thank you for coming today.
（みなさん、こんにちは。今日はお越しいただきありがとうございます）

- Thank you everyone for being here.
（みなさま、お越しいただきありがとうございます）

appreciate「感謝する」　join「参加する」

● 関連表現 Related Expressions このシーンに関連した英語を覚えよう

① まずは出席者に参加のお礼の言葉を述べます

- I am honored to* have been invited* as a speaker today.
  (今日はこちらに話し手としてお招きいただき光栄です)
- It's a pleasure to be here today.
  (今日ここに来られてうれしく思います)
- I'm happy to be here and to see you all.
  (みなさんにここでお会いできてうれしく思います)

be honored to ... 「…して光栄に思う」　invite「招待する」

② 自分の役職を伝える表現です

- I am the editor in chief* at ABC Publishing.
  (ABC パブリッシングの編集長です)
- I am the research manager at World Beverages.
  (ワールド・ビバリッジのリサーチ・マネージャーです)
- I am the CEO* of ABC Consulting.
  (ABC コンサルティングの最高経営責任者です)

editor in chief「編集長」　CEO「最高経営責任者（chief executive officer の略）」

③ 名前と役職などを伝えたあとに、簡単に自分の経歴を伝えましょう

- I have been at ABC Publishing for 12 years.
  (ABC パブリッシングに勤めて 12 年になります)
- I'm relatively* new at World beverages, having joined 6 months ago.
  (ワールド・ビバリッジでは比較的新しいほうで、入社して 6 カ月になります)
- I founded* ABC Consulting in 1989.
  (1989 年に ABC コンサルティングを設立しました)

relatively「比較的」　found「設立する」

プレゼンの英語　第4章

Unit 103 「プレゼンの目的を説明する」
Explaining the Purpose of a Presentation

●重要表現 Key Expressions

Today I am going to be talking to you about computers and the environment.
(今日はコンピューターと環境についてみなさんにお話ししようと思います)

ここがポイント
一般的なあいさつを終えたら、プレゼンのおもなテーマを伝えます。メインテーマに言及したあと、より詳細なトピックを説明していくと、理解しやすいプレゼンができます。

●会話例 Dialogue

A Today I am going to be talking to you about computers and the environment. I will be talking about general changes in the computer industry.* More specifically,* I will be talking about what initiatives* ABC Computers has done to reduce our impact* on the environment.
(今日はコンピューターと環境についてみなさんにお話ししようと思います。コンピューター業界における一般的な変化についてお話しします。特に、ABCコンピューターが環境に対する影響を削減するためどのようなイニシアチブを取ってきたかについてお話ししたいと思います)

industry「業界」 specifically「特に」 initiative「主導権；イニシアチブ」
impact「影響」

●類似表現 Similar Expressions 重要表現の類似表現をいっしょに覚えよう

- The theme of this presentation will be advancements* in cash register* technology.
  (このプレゼンのテーマは、レジの機械の進歩です)
- This talk will be about changes in the supermarket industry.
  (このプレゼンはスーパーマーケット業界における変化についてです)
- My presentation will be on new types of soft drinks.
  (私のプレゼンは新たなタイプのソフトドリンクについてです)

advancement「進歩；向上」 cash register「レジの機械」

● **関連表現** Related Expressions このシーンに関連した英語を覚えよう

(1) 次のような表現でもプレゼンのテーマを伝えることができます

- I will be talking to you about the role of consulting agencies* in the fashion industry.
（ファッション業界でのコンサルティング会社の役割についてお話ししたいと思います）

- The main topic today is environmentally-friendly* packaging.
（今日のおもなトピックは環境に優しいパッケージングです）

consulting agency「コンサルティング会社」
environmentally-friendly「環境に優しい」

(2) プレゼンの主要なテーマに続いて、関連する業界の動向などに触れてもいいでしょう

- The magazine industry has been completely* changed by new technology.
（雑誌業界は新たなテクノロジーによりすっかり様変わりしました）

- Recently there has been a shift* toward healthier soft drinks.
（最近はより健康的なソフトドリンクへと転換しています）

- Consulting agencies have become more important in the fashion world.*
（コンサルティング会社はファッション業界でより重要になってきています）

completely「完全に」　shift「変化」　fashion world「ファッション業界」

(3) 業界の動向などを踏まえて、より具体的なプレゼンの話題を伝えます

- Today I will tell you about how ABC Publishing has adapted* to new technology.
（今日は ABC パブリッシングがいかに新しいテクノロジーに適応してきたかお話しします）

- In this presentation I will be introducing you to some of the new healthy soft drinks from World Beverage.
（このプレゼンでは、ワールド・ビバリッジの新たな健康飲料をいくつかご紹介します）

adapt「適応する」

Unit 104 「プレゼンの構成を説明する」
Explaining the Structure of Your Presentation

●重要表現 Key Expressions

> **First, I will talk about how we have changed our manufacturing process.**
> (まず最初に、わが社の製造工程がいかに変化してきたかをお話しします)

ここがポイント
プレゼンの本題に入る前に、どのような話の展開になるかを説明します。first, firstly, second, secondly などの序数を含む表現や、then「次に」、finally「最後に」などの順序を示す表現を積極的に用いましょう。

●会話例 Dialogue

A Today I would like to tell you about policies* that we have implemented* at ABC Computers. **First, I will talk about how we have changed our manufacturing process** to lessen the effect on the environment. Then I will talk about how we have changed our products. Finally, I will tell you a little about our plans for the future.
(今日は ABC コンピューターズで私たちが実践してきたポリシーについてお話ししたいと思います。まず最初に、わが社の製造工程を環境への影響を削減するためにどのように変えてきたかをお話しします。次にわが社の製品がどのように変わってきたかをお話しします。最後に、将来のわが社のプランについて少々お話しします)

policy「方針；政策」 implement「実行する；実践する」

●類似表現 Similar Expressions　重要表現の類似表現をいっしょに覚えよう

- The first point I will cover is food distribution* systems.
  (取り上げる最初のポイントは、食品流通システムです)
- I will begin by talking about old cash register systems.
  (古いレジのシステムについて話すことから始めます)
- I'll start by talking about the problems caused by excessive* packaging.
  (過剰包装によって生ずる問題について話すことから始めます)

distribution「流通；販売」 excessive「過剰な」

●関連表現 Related Expressions このシーンに関連した英語を覚えよう

(1) これからプレゼンの構成を説明するということを伝える表現です

- I'd like to briefly take you through* today's presentation, which is about healthy soft drinks.
（健康飲料に関する今日のプレゼンについて、簡単にご説明したいと思います）

- Let me tell you about the structure of my talk, which is on consultancy agencies and the fashion industry.
（コンサルティング会社とファッション業界に関するプレゼンの構成について、お話しさせてください）

> take someone through ...「…（人）に…を通らせる；体験させる」

(2) 最初に扱う話題を説明したら、その次はなにについて話すのかにも言及しましょう

- Following that, I will talk about how we have paired our magazines with* new technologies.
（それに続いて、新しいテクノロジーとわが社の雑誌をどのように組み合わせてきたかについてお話しします）

- Then I will introduce you to some of our new healthy products.
（そのあと、わが社の新しい健康関連製品をご紹介します）

- After that, I will tell you how ABC Consulting is able to predict* fashion trends.
（そのあと、ABCコンサルティングがいかにファッションのトレンドを予測し得るのかをお話しします）

> pair ... with ...「…を…と組み合わせる」　predict「予測する」

(3) 最後に扱う話題について説明する表現です

- Finally,* I will review* some of the major new technologies that have come out in the past few years.
（最後に、ここ数年間に登場してきた主要な新技術のいくつかについて見直してみます）

- I'll wrap up* by telling you about some of the healthy soft drinks we have created.
（わが社が生み出した健康飲料のいくつかについてお話しして終わりたいと思います）

- Lastly* I'll be giving you some case studies* of how we have helped our clients.
（最後に、わが社がどのようにクライアントに役立ってきたか、いくつかケーススタディをお話しします）

> finally/lastly「最後に」　review「見直す；批評する」　wrap up「（会議・仕事などを）終える；完成させる」　case study「ケーススタディ；事例研究」

プレゼンの英語 ◎第4章◎

Unit 105 「資料・機材について説明する」
Introducing Materials

● 重要表現 Key Expressions

I would like everyone to look at the screen above me.
(私の頭上のスクリーンを見ていただきたいと思います)

ここがポイント
視覚機材を使うときにはまずそこに注目を向けてもらうよう促しましょう。資料を配る際には、全員に行き渡っているか、資料に不足がないかどうかを確認するひとことを忘れずに。

● 会話例 Dialogue

A: Since this is the Green Business Fair, rather than* distribute* paper handouts, **I would like everyone to look at the screen above me.** Can everyone see? Is the text clear enough? Good.
(これはグリーン・ビジネス・フェアですので、紙の資料を配るのでなく私の頭上のスクリーンを見ていただきたいと思います。みなさん見えますでしょうか？ 文字はクリアに見えますか？ オッケーですね)

rather than ... 「…の代わりに」　distribute 「配る」

● 類似表現 Similar Expressions　重要表現の類似表現をいっしょに覚えよう

- I'll show you some data on the screen.*
(スクリーンでいくつかデータをお見せしましょう)

- I'll be showing a slideshow on this screen.
(このスクリーンでスライドショーをお見せします)

- While you look over the materials, I will explain my first point.
(資料をご覧いただきながら、最初の要点をご説明します)

on the screen 「画面上で」

●関連表現 Related Expressions このシーンに関連した英語を覚えよう

① 資料を配ったり回してもらったりするときの表現です

- Please take one handout and pass them on.*
  （1部ずつ資料をお取りになり、次の方に回してください）

- We are passing out* some materials.*
  （資料をお渡しします）

> pass on「次の人に渡す」　pass out「配る」　materials「資料」

② スクリーンが見えるか、資料が行き渡っているかなどを気遣う表現です

- Can everyone see the screen?
  （みなさんスクリーンは見えますか？）

- Are there enough* handouts to go around?*
  （資料は十分行き渡っていますか？）

- Did everyone receive* a set of materials?
  （みなさん資料を1セットずつ受け取りましたか？）

> enough「十分な」　go around「行き渡る」　receive「受け取る」

③ 資料の中身もきちんと確認しましょう

- Each of you should* have a folder like this.
  （このようなフォルダがみなさんのお手元にあるかと思います）

- Everyone should have a handout of nine pages.
  （9ページの資料がみなさんのお手元にあるかと思います）

- You should each have set of materials including a brochure, a handout and a DVD.
  （パンフレット、プリント、DVDを含む資料1セットずつが、みなさんのお手元にあるかと思います）

> should ...「…するはずだ」

プレゼンの英語　第4章

Unit 106 「モニター・資料を見てもらう」

Showing Materials and Screens

●重要表現 Key Expressions

Please have a look at the first slide on the screen.
(スクリーンの最初のスライドをご覧ください)

ここがポイント

スクリーンの準備や、資料の配布が終わったら、出席者に具体的になにを見てもらうのかを伝えましょう。話を進める前に全員に同じ資料を見てもらえるように確実に伝えなければなりません。

●会話例 Dialogue

(CD 3-31)

A **Please have a look at the first slide on the screen.** This slide shows the number of computers sold by ABC every year for the past ten years. As you see, the number has increased* every year, especially* in the last five years.
(スクリーンの最初のスライドをご覧ください。こちらのスライドは、ABCのコンピューター販売台数の過去10年間の推移を示しています。おわかりになるように、販売数は特にこの5年間は毎年増加しております)

increase「増える」 especially「特に」

●類似表現 Similar Expressions　重要表現の類似表現をいっしょに覚えよう

Please be so good as to* direct your attention to* this screen.
(お手数ですがこちらのスクリーンにご注目ください)

Please open up* the folders you have in front of you.
(みなさんの前にありますフォルダをお開きください)

Take a look at your handouts, please.
(資料をご覧ください)

Please be so good as to ...「…していただけますか」
direct one's attention to ...「…に注意を向ける」　open up「開く」

●関連表現 Related Expressions このシーンに関連した英語を覚えよう

① 具体的にどの資料を見ればいいのかを伝える表現です

- Please open up the magazine included in your pack of materials.
  (資料のセットの中に入っている雑誌をお開きください)
- Please find the brochure that should* be in your pack of materials.
  (資料のセットの中にあるパンフレットをご覧ください)

should ...「…するはずだ」

② 資料がなにを示しているのかを次のように説明しましょう

- This slide shows estimated total circulation* of monthly magazines.*
  (こちらのスライドは、月刊誌の発行部数の推計を示しています)
- The first page of the handout shows the top-selling soft drinks five years ago.
  (資料の1ページ目は5年前にもっともよく売れていたソフトドリンクを示しています)
- The brochure gives our history as a company.
  (パンフレットをご覧いただくとわが社の歴史がわかります)

circulation「発行部数」　monthly magazine「月刊誌」

③ 資料の中で特に注目してほしい情報を伝える表現です

- As you can see, total circulation has been decreasing* in the past three years.
  (おわかりになるように、発行部数の合計は過去3年間で減少しています)
- You can see that the top ten drinks five years ago were all colas.
  (5年前の売り上げベスト10の飲料はすべてコーラでした)
- As you see in the brochure, we started our company five years ago.
  (パンフレットからわかるとおり、わが社は5年前にスタートしました)

decrease「減る」

Unit 107 「画面やページを参照してもらう」
Pointing Out a Specific Part of the Screen or Page

● 重要表現 Key Expressions

> **Please have a look at the left side of the screen.**
> (スクリーンの左側をご覧ください)

ここがポイント
オーディエンスに、スクリーンや資料のどの部分を参照してほしいのかを具体的に伝える表現もチェックしておきましょう。

● 会話例 Dialogue

(CD 3-33)

A **Please have a look at the left side of the screen.** These pictures show the size of our computer boxes in 2009, 2010 and 2011. As you can see, the boxes have gotten more compact* every year, saving raw materials.*
(スクリーンの左側をご覧ください。これらの写真は 2009 年、2010 年、2011 年のわが社のコンピューターのケースです。おわかりになるように、原料を節約するためにケースは毎年コンパクトになっています)

compact「小さい；コンパクトな」　raw materials「原料」

● 類似表現 Similar Expressions　重要表現の類似表現をいっしょに覚えよう

> Please have a look at the first page of the handout.
> (資料の最初のページをご覧ください)

> Please look at the graph at the top of the page.
> (ページトップのグラフをご覧ください)

> Please look at the top half* of the second page of the handout.
> (資料の 2 ページ目の上半分をご覧ください)

> Please turn to* the next page of the handout.
> (資料の次のページを開いてください)

top half「上半分」　turn to ...「…ページを開く」

top/middle/bottom of the page「ページの頭（上部）／中央／最下部」、upper/lower-middle of the page「ページ中央上／下寄り」、bottom right/left-hand side「ページ右／左下側」、top right/left-hand corner「ページ右／左上角」、などの位置表現も覚えましょう。

● **関連表現** Related Expressions　このシーンに関連した英語を覚えよう

① ページ番号でなく、具体的な内容構成を伝えて該当ページを知らせることもできます

- Let's look at the page of your handout that has all the pictures of soft drinks.
（資料でソフトドリンクの写真の入ったページを見てみましょう）

- Please look at the page of your handout with the list of our top clients.
（資料でわが社のおもなクライアントのリストが掲載されているページをご覧ください）

② 参照してほしい段落や行数を伝える表現です

- Please find the second line* from the bottom on the fourth page.
（4ページ目の下から2行目をご覧ください）

- Please look at the fifth line on the second page.
（2ページの5行目をご覧ください）

- Please look at the client case study in the second paragraph* of the third page.
（3ページ目の第2段落にあるクライアントのケーススタディーをご覧ください）

line「行」　paragraph「段落」

③ 資料のどこを見るかを伝えたら、次のように具体的な説明を加えましょう

- As you see, all of the product names project* a healthy image.
（お気づきのように、これらの商品名はみな健康的なイメージを醸し出しています）

- You may recognize* the names of some of the biggest fashion brands.
（有名なファッションブランドのいくつかの名前に見覚えのある方もいらっしゃるでしょう）

- This shows all of ABC Publishing's monthly magazines.
（これはABCパブリッシングの月刊誌すべてを示しています）

project「(イメージを) 醸し出す」　recognize「見覚えがある」

Unit 108 「グラフの説明」

Explaining a Graph

● 重要表現 Key Expressions

This graph shows our estimated CO_2 emissions.
(このグラフは、わが社の CO_2 推定排出量を示しています)

ここがポイント

bar graph「棒グラフ」、line graph「折れ線グラフ」、pie chart「円グラフ」などの基本用語とともに、グラフのデータを説明するときの表現を覚えていきましょう。

● 会話例 Dialogue

A On the right side of the screen, you see a bar graph.* **This graph shows our estimated* CO_2 emissions.** On the left is five years ago, and on the right is last year. You can see there has been a big drop in the past two years.
(スクリーンの右側に棒グラフがあります。このグラフは、わが社の CO_2 推定排出量を示しています。左側が5年前の排出量、右側が昨年の排出量です。過去2年で大きく削減していることがおわかりになるでしょう)

bar graph「棒グラフ」 estimated「推定される」

● 類似表現 Similar Expressions 重要表現の類似表現をいっしょに覚えよう

- This graph shows the total number of supermarkets over the past* ten years.
 (このグラフは過去10年間のスーパーマーケットの総数を示しています)

- This chart shows our share of the cash register market.
 (このチャートは弊社のレジ市場のシェアを示しています)

- These figures* show the average weight of packaging for common products.
 (これらの数字は一般的な製品のパッケージの重さの平均を示しています)

past「過去の」 figure「数字；図表」

● 関連表現　Related Expressions　このシーンに関連した英語を覚えよう

① グラフがページのどこにあるかをまず伝えましょう

- You will see a bar chart* at the top of the page.
  (ページの上に棒グラフがあります)

- Let's look at these two pie charts.*
  (これらの2つの円グラフを見てみましょう)

- There is a line graph* on page 2.
  (2ページ目に折れ線グラフがあります)

bar chart「棒グラフ」　pie chart「円グラフ」　line graph「折れ線グラフ」

② グラフの要旨を説明する表現です

- This shows the number of magazines published by us each year for the past ten years.
  (これは過去10年間にわが社が発行した雑誌の数を示しています)

- These two pie charts show the market share* of colas five years ago and last year.
  (これらの2つの円グラフは5年前と昨年のコーラのシェアを示しています)

- This line graph shows the sales volume* of our top client over the past three years.
  (この折れ線グラフは過去3年のわが社のクライアントの売上高を示しています)

market share「市場占有率」　sales volume「売上高；販売高」

③ グラフの示す情報をより詳細に伝える表現です

- As you can see, we have brought out* two new magazines every year for the past decade.*
  (おわかりのように、わが社は過去10年間、新しい雑誌を毎年2冊ずつ創刊してきました)

- As the charts show, the market share of colas has shrunk* in the last five years.
  (グラフが示すとおり、コーラのシェアは過去5年で減少しています)

- As you plainly* see, the sales of our top client have risen every year.
  (一目瞭然ですが、わが社の最大のクライアントの売り上げは毎年上昇しています)

bring out「発行する」　decade「10年」　shrink「縮小する；減る」　plainly「一目瞭然に」

プレゼンの英語　第4章

Unit 109 「数値の説明」

Explaining Numerical Data

● 重要表現 Key Expressions

Our CO$_2$ emissions dropped 3% from three years ago to the following year.
(わが社のCO$_2$排出量は3年前からその翌年にかけて3％減少しました)

ここがポイント
プレゼンで具体的な数値を示すことは、主張に具体性をもたせるという意味でも有効です。ただし、出席者が混乱しないよう、数値についてわかりやすく説明する必要があります。

● 会話例 Dialogue

A If you look at the right side of the graph, you will see **our CO$_2$ emissions* dropped* 3% from three years ago to the following year,*** and another 8% from two years ago to last year. Manufacturing accounts for* 60% of our emissions.
(グラフの右側をご覧いただくと、わが社のCO$_2$排出量は3年前からその翌年にかけては3％減少したことがおわかりになるでしょう。そして2年前から昨年についてはさらに8％減少しています。工場での生産はわが社のCO$_2$排出量の60％を占めています)

emission「排出」 drop「減る」 following year「翌年」
account for ...「…の割合を占める」

● 類似表現 Similar Expressions　重要表現の類似表現をいっしょに覚えよう

- The total number of magazines published by the whole industry has decreased* by 50 in the last two years.
  (業界全体で発行された雑誌の総数はこの2年間で50誌減少しました)

- The sales of cola-type soft drinks have decreased by 3%.
  (コーラタイプのソフトドリンクの売り上げは3％減少しました)

- The client's percentage of unsold stock* has decreased to just 6%.
  (クライアントの売れ残り在庫の割合はたった6％にまで減少しました)

decrease「減る」 unsold stock「売れ残り在庫」

● **関連表現** Related Expressions　このシーンに関連した英語を覚えよう

① 数値の増加を説明するときの表現です

- The number of monthly magazines we publish has gone up* by two every year.
  （わが社が発行する月刊誌の数は毎年2誌ずつ増えています）
- The share of fruit-based soft drinks has increased to 15% .
  （フルーツ飲料のシェアは15%にまで増えています）
- Our top client's sales* have increased* by 5% .
  （わが社の最大のクライアントの売上高は5%増加しています）

go up「上がる；増える」　sales「売り上げ」　increase「増加する」

減少を表したいときには、go down、decrease、drop「減少する；減る；下がる」などの表現を使いましょう。

② 平均、シェアなどの言葉を使った説明表現です

- Our sales growth* has exceeded the industry average.*
  （わが社の売り上げ成長は業界の平均を超えています）
- We now have the second biggest share of the market.
  （わが社は市場では2番目に大きいシェアを獲得しています）

sales growth「売り上げ成長」　average「平均」

③ 数値の変化をその理由や詳細とともに説明する表現です

- 50 less magazines accounts for* a decrease of 4% .
  （50誌雑誌が少なくなったことが4%の減少の理由となっています）
- A 3% drop accounts for 50,000 fewer cases of cola a year.
  （3%の減少は、年間50,000箱のコーラの減少になります）
- Our client's 5% increase in sales accounts for over $1 million* per year.*
  （わが社のクライアントの売上高の5%の上昇は、1年に100万ドルを超える計算になります）

account for ...「…の原因となる；という計算になる」　over $1 million「100万ドル超」
per year「1年あたり」

Unit 110 「目標値の説明」

Explaining Target Numbers

● 重要表現 Key Expressions

Our goal is to reduce our CO_2 emissions by another 4% over the next two years.
(わが社の目標は CO_2 放出量を今後2年でさらに4％削減することです)

ここがポイント

目標値、あるいは現状と比しての目標値について言及することは、プレゼンテーションでは非常に多いもの。ここでは具体的な目標値について説明する表現を見ていきましょう。

● 会話例 Dialogue

A Our goal is to reduce* our CO_2 emissions* by another 4% over the next two years. We also hope to reduce the total weight* of each computer by 500 grams so we can reduce fuel* use for shipping.*
(わが社の目標は CO_2 放出量を今後2年でさらに4％削減することです。私たちは輸送にかかる燃料削減のため、コンピューター1台につき総重量を500グラム減らすことも目指しています)

reduce「減らす」 emission「放出」 weight「重さ」 fuel「燃料」 shipping「輸送」

● 類似表現 Similar Expressions　重要表現の類似表現をいっしょに覚えよう

Our target is to reach* 87% of our previous CO_2 emissions by the end of this year.
(わが社の目標は、今年の終わりまでに CO_2 排出量を87％にまで縮小することです)

Our goal is $3 million in sales of healthy soft drinks by next year.
(わが社の目標は来年までに健康飲料で300万ドル売り上げることです)

Our goal is to decrease our client's percentage of unsold stock* by 5%.
(わが社の目標はクライアントの売れ残り在庫を5％減らすことです)

reach「達する」 unsold stock「売れ残り在庫」

● 関連表現 Related Expressions このシーンに関連した英語を覚えよう

① 目標値をパーセンテージで説明する表現です

- We want to increase the percentage of our magazines available* in digital formats to 100%.
  (わが社の雑誌でデジタル形式で手に入るものの割合を 100％にまで増やしたいと思います)

- We want to boost* sales by 5%.
  (売上高を 5％引き上げたいと思っています)

- We hope to increase the sales of healthy soft drinks by 15%.
  (健康飲料の売上高を 15％増やすことを目指しています)

available「手に入る」 boost「引き上げる」

② 具体的な数量で目標値を説明する表現です

- We want to increase our total number of magazines by 15 over the next three years.
  (わが社は今後 3 年間で雑誌の総数を 15 誌増やしたいと思っています)

- We want to expand* our line of healthy soft drink by 5 flavors.
  (わが社の健康飲料のラインを拡大し、5 種類の味を増やしたいと思っています)

- We hope to drive up* profits* for our top client by $5 million per year.
  (わが社最大のクライアントの収益を年間 500 万ドル押し上げることを目指しています)

expand「拡張する」 drive up「押し上げる」 profit「収益」

③ 達成できた目標について述べる表現です

- We have been able to increase the number of our teenage readers.
  (わが社はティーンエージの読者の数を増やすことができました)

- We have won a larger share of the fruit juice market.
  (わが社は果汁飲料の市場のシェアを拡大できました)

- We have increased ad effectiveness* for our clients.
  (わが社はクライアントに対する広告の有効性を高めました)

effectiveness「有効性」

◎ プレゼンの英語 ◎ 第 **4** 章 ◎

Unit 111 「別の言葉に置き換えて説明する」
Explaining in Other Words

●重要表現 Key Expressions

> **Let me explain this in another way.**
> (別の言葉で説明させてください)

ここがポイント
重要な点については、別の言葉で言い換えて説明するのが効果的です。

●会話例 Dialogue

A Let me explain this in another way. It is not only the production of computers that leads to* CO_2 emissions, but also the shipping of them and our customers using them. In other words,* there are several stages.
(別の言葉で説明させてください。CO_2排出につながるのはコンピュータの製造だけではなく、コンピュータの配送、またそれを使う消費者でもあります。言い換えれば、複数の局面があるのです)

lead to ... 「…につながる」　in other words 「換言すれば」

●類似表現 Similar Expressions　重要表現の類似表現をいっしょに覚えよう

- Allow me to* put this into others words.
  (別の言葉で言い換えせてください)
- Here is another way to explain this.
  (別の言葉で説明いたしますと)
- Another way to say it would be ...
  (別の言葉で言いますと…となります)

allow ... to ... 「…が…するのを許す」

●関連表現 Related Expressions このシーンに関連した英語を覚えよう

① 具体的内容について言い換えて説明したいときの表現です

- Let me explain what I mean about "technology changing magazines."
  (「雑誌を変えつつあるテクノロジー」について私が言いたかったことを説明させてください)
- Let me put what I said about healthy soft drinks into different words.
  (健康飲料について言ったことを、別の言葉で言い換えせてください)
- Let me give you another definition* of fashion trends.
  (ファッショントレンドの別の定義を言わせてください)

definition「定義」

② 複数の意味や概念がある場合、次のような言い方で前置きをしましょう。そのあと③のように詳しく説明するといいでしょう

- It is not just that websites are competing with* magazines.
  (雑誌とウェブサイトが競合しているというだけではありません)
- A trend* isn't just what is popular.
  (トレンドは単に人気があるものというだけではありません)

compete with ...「…と競合する」 trend「トレンド；潮流」

③ ②のような表現に続いて、次のように言葉を変えて説明します

- In other words, smart phones and tablet PCs are competition.*
  (言い換えれば、スマートフォンとタブレット型パソコンは競合しているのです)
- To put it another way, we define* healthy drinks as fruit and vegetable juice and herbal tea.
  (言い換えれば、健康飲料とは果物と野菜のジュース、それにハーブティーであると、私たちは定義しています)
- Another way to say it is trends are what people are buying.
  (言い換えれば、トレンドとは人々が買おうとするものなのです)

competition「競争；競合」 define「定義する」

Unit 112 「例を示す」

Giving an Example

●重要表現 Key Expressions

Here's an example of what I am talking about.
(いまお話ししていることの一例を挙げましょう)

ここがポイント
プレゼンテーションで、聴衆の理解を深めてもらうためには、具体的な例を挙げて説明することも大切です。

●会話例 Dialogue

A **Here's an example* of what I am talking about.** We want to reduce CO_2 emissions caused by* customers using our products. If we make our products more energy-efficient,* we also reduce the amount of CO_2 emissions related to* electricity* use. That is just one example of what we are doing.
(いまお話ししていることの一例を挙げましょう。わが社の製品を使用している消費者による CO_2 排出量を削減したいと思っています。わが社の製品のエネルギー効率をもっとよくすれば電気の使用に関する CO_2 排出量を減らすことができます。これはわが社が取り組んでいることのほんの一例です)

> example「例」　caused by ...「…によって引き起こされる」　energy-efficient「エネルギー効率のいい」　related to ...「…に関連する」　electricity「電気」

●類似表現 Similar Expressions　重要表現の類似表現をいっしょに覚えよう

- Allow me to give you an example if I may.
  (もしよろしければ一例を挙げさせてください)
- I'd like to illustrate* my point.*
  (私の提案を具体的な例を挙げて説明したいと思います)
- I'll tell you about a case where this happened.
  (これが起こった事例についてお話しさせてください)

> illustrate「（例を示したり、図を示したりして）説明する」　point「意見；提案」

●関連表現　Related Expressions　このシーンに関連した英語を覚えよう

① 例を挙げて説明する際には次のような表現も使えます

- Let me give you one example from the magazine industry.*
  （雑誌業界からの一例を挙げさせてください）
- I'll share a story of something that happens all the time with apparel makers.
  （アパレルメーカーにはつきもののお話を、みなさんと共有させてください）
- I'll give you a definition* of a healthy soft drink.
  （健康飲料の定義を説明させてください）

industry「業界」　definition「定義」

② 例示することを伝えたら、次のように具体的内容を説明します

- For instance, if we adapt* to new technology, we can actually increase our sales.
  （例えば、わが社が新しいテクノロジーに適応すれば、実際売り上げを伸ばしていけるでしょう）
- Healthy soft drinks, for example, would include* things like unsweetened tea.
  （健康飲料には、例えば砂糖を加えていないお茶のようなものも含まれます）

adapt「適応する」　include「含む」

③ 挙げた例が一例に過ぎないことを伝える表現です

- That's just one illustration* of a recent* phenomenon* in the industry.
  （これは業界での最近の現象のほんの一例です）
- Of course that is only an example and there are many other products in that category.
  （もちろんこれは一例に過ぎず、このカテゴリーには別の製品も多数あります）
- There are many other cases like this.
  （このような事例は多数あります）

illustration「実例」　recent「最近の」　phenomenon「現象」

Unit 113 「比喩を使って説明する」

Making a Metaphor

●重要表現 Key Expressions

Allow me to make a metaphor.
（比喩で説明させてください）

ここがポイント
比喩やたとえを使ってプレゼンでの主張や提案をわかりやすく伝えるのもいいでしょう。まずは、これから比喩を使って説明するということを断ってから始めましょう。そうしないと、相手が話の展開を飲み込めないこともあります。

●会話例 Dialogue

A Allow me to make a metaphor.* If you make a 5 degree* angle,* it seems like a small difference at the beginning, but if you extend the line, it becomes a bigger difference. The same is true if we make our computers 5% more energy-efficient.*
（比喩で説明させてください。5度の角度をつけるとしたら、それは最初は小さな差のように見えますが、線を延ばしていくと大きな差になります。わが社のコンピュータのエネルギー効率を5％よくした場合にも、同じことが言えるのです）

metaphor「比喩」 ... degree「…度」 angle「角度」
energy-efficient「エネルギー効率のいい」

●類似表現 Similar Expressions 重要表現の類似表現をいっしょに覚えよう

- I'd like to, if I may, make a metaphor.
（もしよろしければ、比喩を用いたいと思います）

- Let me make a metaphor to illustrate my point.*
（要点を比喩で説明させてください）

- Let me make a metaphor relating to* the fashion industry.
（ひとつファッション業界にまつわるたとえ話をさせてください）

point「要点」 relating to ...「…にまつわる」

●関連表現 Related Expressions このシーンに関連した英語を覚えよう

① 比喩ではありませんが、一般論や逸話、あるいは比較などを話に挟むことも効果的です

- Allow me to make a general statement about the publishing world.
  (出版業界について一般に言われていることをお話しさせてください)

- Let me draw a comparison between* healthy food and junk food.
  (健康食品とジャンクフードとの比較をさせてください)

- Let me tell you an anecdote.*
  (ひとつ逸話をお話しさせてください)

draw a comparison between A and B「AとBを比較する」 anecdote「逸話」

② 一般論や逸話を述べている表現をチェックしましょう

- They say that those who do not evolve* do not survive.*
  (進化しないものは生き残れないと言われています)

- If a bakery does not make what is popular, they will have to throw away* a lot of unsold bread at the end of each day.
  (パン屋が人気のあるパンを作らなければ、売れ残ったパンを毎日捨てなくてはならないでしょう)

evolve「進化する」 survive「生き残る」 throw away「捨てる」

③ 比喩・一般論・逸話などを提供したあとには、もとの話に戻ってまとめをしましょう

- That is very much true in the publishing world, as magazines that don't adapt* are failing.*
  (それは出版業界にも非常に当てはまることで、適応できない雑誌は衰退しつつあるのです)

- The same is true with* apparel makers each season.
  (毎シーズンのアパレルメーカーについても同じことが言えます)

- Now people feel the same way about health foods.
  (現在、人々は健康食品についても同じように感じています)

adapt「適応する」 fail「失敗する」
The same is true with ...「…にも同じことが当てはまる」

Unit 114 「サマライズする」
Summarizing a Presentation

● 重要表現 Key Expressions

▎ **I have covered the recent efforts ABC Computing has made for the environment.**
(ABCコンピューティングが環境のために努力してきた近年の取り組みについてお話ししてきました)

☞ ここがポイント
プレゼンの最後には、プレゼンの本題が終了したことを伝え、プレゼンの内容を要約します。

● 会話例 Dialogue　(CD 3-47)

A That concludes* the main part of my presentation. **I have covered* the recent efforts* ABC Computing has made for the environment** as well as our goals for the future. I hope the talk was interesting for you.
(これでプレゼンの本題は終わりです。ABCコンピューティングの将来の目標、またわが社が環境のために努力してきた近年の取り組みについてお話ししてきました。このプレゼンがみなさまにとって興味深いものとなったことを願います)

✎ conclude「終わりにする」　cover「取り上げる」　effort「努力」

● 類似表現 Similar Expressions　重要表現の類似表現をいっしょに覚えよう

▎ I've explained the changes technology has made to the publishing industry and how we have responded* as a company.
(テクノロジーが出版業界に与えた変化と、わが社の対応についてご説明しました)

▎ I talked about the current* trend toward health food and World Beverage's new line of healthy soft drinks.
(健康食品の現在のトレンドとワールド・ビバリッジの健康飲料の新しいラインについてお話ししました)

▎ Today I talked about the importance* of consulting agencies for fashion companies.
(今日はファッション企業にとってのコンサルティング会社の重要性についてお話ししました)

✎ respond「対応する」　current「現在の」　importance「重要性」

● 関連表現 Related Expressions このシーンに関連した英語を覚えよう

① プレゼンの内容を要約する前に次のような表現を使ってもいいでしょう

- Allow me to summarize* my presentation.
  （プレゼンの内容を要約させてください）
- Let me go over* the main points of my talk.
  （プレゼンの要点を振り返らせてください）
- I'll recap my main points.*
  （要点を繰り返します）

summarize「要約する」　go over「見直す」　recap the main point「要点を繰り返す」

② 次のような表現でプレゼンが終わりに近づいたことを伝えましょう

- My allotted* time is nearly over.
  （割り当てられた時間がほとんど終わりました）
- I'm almost out of time.*
  （ほぼ時間を使い切りました）
- That is the end of the main part of my talk.
  （プレゼンの本題はこれで終わりです）

allot「割り当てる」　be out of ...「…がなくなっている；切れている」

③ 次のような表現でプレゼンの本題を締め括ります。そのあとには質疑応答などが続きます

- I hope you have found this presentation stimulating.*
  （このプレゼンがみなさんにとって刺激的なものであったことを願います）
- Hopefully it has been interesting for you.
  （このプレゼンがみなさんにとって興味深いものであったことを願います）
- I hope you enjoyed my talk.
  （このプレゼンをみなさんが楽しんでいただけたことを願います）

stimulating「刺激的な」

Unit 115 「質問を受けつける」

Taking Questions

●重要表現 Key Expressions

I have time to take a few questions.
(少々ご質問を受ける時間がございます)

ここがポイント

プレゼンのあとに質問を受けるときの表現です。Q&Aセッションでは、聴衆の質問を促すような上手なたずね方を心がけましょう。

●会話例 Dialogue

A That concludes my presentation. **I have time to take a few questions.** Does anyone have anything they would like to ask? Any kind of question is OK, so please don't hold back.*
(これで私のプレゼンを終わります。少々質問をお受けする時間があります。どなたかご質問されたいことはありますか? どんな質問でもけっこうですので、遠慮なさらないでください)

hold back「遠慮する;差し控える」

●類似表現 Similar Expressions 重要表現の類似表現をいっしょに覚えよう

- I'm happy to answer any questions you may have.
(ご質問がありましたら、よろこんでお答えします)

- If anyone has any questions, I would be happy to take* them.
(どなたでもなにかご質問がありましたら、よろこんでお受けします)

- I'd be happy to take some questions.
(よろこんでご質問をお受けします)

take「(質問を) 受ける」

●関連表現 Related Expressions　このシーンに関連した英語を覚えよう

① 質疑応答のための時間があることを伝える表現です

- We've allotted* some extra time for a Q&A session.*
  (質疑応答の時間を少々取っております)
- We have some time remaining* for questions.
  (質問のための時間が少々残っています)
- We have a bit of time left if any of you have any questions.
  (どなたかなにか質問がありましたら少々時間があります)

allot「割り当てる」　Q&A session「質疑応答」　remain「残る」

② 質問を受けつけることを伝える表現のバリエーションです

- Would anyone care to* ask any questions?
  (どなたかご質問なさりたい方はいらっしゃいますか？)
- Does anyone have any questions?
  (どなたかご質問はありませんか？)
- Would anyone like to ask something about me or my company?
  (どなたか私、もしくはわが社について質問したいことはありませんか？)

care to ...「…したい」

③ すぐに質問が出ない場合は、次のような表現で促しましょう

- Please don't hesitate to* speak up* if you have a question.
  (ご質問があれば遠慮なくお話しください)
- Any type of question is OK.
  (どんな質問でも大丈夫ですよ)
- I'll try to answer any questions you have.
  (どんな質問にもお答えしたいと思います)

hesitate to ...「…するのを躊躇する」　speak up「遠慮なく話す；自由に言う」

プレゼンの英語　第4章

Unit 116 「質問への応答」

Responding to Questions

●重要表現 Key Expressions

I'm glad you asked me that question.
(その質問をいただいてうれしく思います)

ここがポイント
質問を受けたら、まずは質問してくれたことに対するお礼を述べ、それから質問に答えます。またきちんと質問に対する答えになっていたかどうかも確認しましょう。

●会話例 Dialogue

A Yes, you in the back. Did you have a question?
(はい、後ろのあなた。ご質問がありましたでしょうか?)

B Yes. Could you tell me what efforts your company has made regarding* recycling computers?
(はい、御社がコンピューターのリサイクルについてどのような努力をされているか教えていただけますか?)

A **I'm glad you asked me that question.** We just started a new program to recycle old computers.
(その質問をいただいてうれしく思います。古いコンピューターをリサイクルする新しいプログラムを始めたばかりです)

B I see. (そうですか)

A Did that answer your question?
(これでご質問の答えになっていますか?)

B Yes. (はい)

regarding ... 「…について」

●類似表現 Similar Expressions 重要表現の類似表現をいっしょに覚えよう

- Thank you for mentioning* that.
  (そのことに言及していただきありがとうございます)

- That's a very good question.
  (それは大変いいご質問です)

- Thank you for bringing that up.*
  (その質問を出していただきありがとうございます)

mention「言及する」 bring up「(問題などを) もち出す; 提起する」

●関連表現 Related Expressions このシーンに関連した英語を覚えよう

① 次のような表現で挙手した人を確認しながら順に質問していってもらいます

- The man in the aisle* seat, did you have a question?
  （通路側の席の男性の方、ご質問がありましたでしょうか？）
- I think someone in the back had a question.
  （後方のどなたかご質問があったかと思いますが）
- Did someone in the back raise their hand?
  （後方のどなたか挙手されましたでしょうか？）

aisle「通路」

「手前の」と言いたければ、in the front というフレーズで。

② 質問に答えられない場合は、次の表現を参考にていねいに対応しましょう

- I'm afraid I'm not authorized* to answer that kind of question.
  （恐れ入りますが、そういった質問に答える権限を与えられておりません）
- I'm sorry, I'm not sure how to answer that question.
  （申し訳ありませんが、その質問にはどう答えていいかわかりません）
- I do not have that information with me, but I can check and get back to* you.
  （情報がありませんので、調べてからご連絡いたします）

authorized「権限を与えられた」　get back to ...「…にあとで連絡する」

③ 質疑応答の最後は、質問してくれたことに対するお礼の言葉で締め括りましょう

- I appreciate* all of your questions.
  （みなさんのすべてのご質問に感謝いたします）
- Thank you for your interest.
  （ご興味をもっていただきありがとうございます）
- Thanks for your questions.
  （ご質問ありがとうございます）

appreciate「感謝する」

Unit 117 「プレゼンの締め括り」

Ending a Presentation

●重要表現 Key Expressions

That ends my presentation on computers and the environment.
(これで私のコンピューターと環境についてのプレゼンを終わります)

ここがポイント

質疑応答も終えたあとには、プレゼン全部が終了したこと、また出席者への感謝の気持ちを伝えましょう

●会話例 Dialogue

A That ends* my presentation on computers and the environment. Thank you for your time and attention.* If you have any questions, I look forward to talking to you later.
(これで私のコンピューターと環境についてのプレゼンを終わります。みなさま、お時間を割いてご清聴いただきありがとうございます。なにか質問がありましたら、後ほどみなさんとお話しするのを楽しみにしております)

end「終える」 attention「注目」

●類似表現 Similar Expressions　重要表現の類似表現をいっしょに覚えよう

That concludes* my presentation.
(これで私のプレゼンを終わります)

That's all the time I have today.
(今日はこれで時間がすべてなくなってしまいました)

My time is up.*
(時間切れとなってしまいました)

conclude「終える」 up「(時間などが) 過ぎて；切れて」

●関連表現 Related Expressions このシーンに関連した英語を覚えよう

① 締め括りに再度プレゼンのテーマを伝えてもいいでしょう

- That was my presentation on technology in the magazine industry.
  (以上、雑誌業界におけるテクノロジーについての私のプレゼンでした)
- I hope you've enjoyed* hearing about our line of healthy beverages.
  (わが社の健康飲料についてのプレゼンをお楽しみいただけたことを願います)
- That was my talk on trends in the fashion industry.
  (以上が、ファッション業界におけるトレンドについてのプレゼンでした)

enjoy「楽しむ」

② プレゼンの最後に出席者にお礼を述べる表現です

- I appreciate your attention.
  (ご清聴いただき感謝いたします)
- I'd like to thank everyone once again.
  (もう一度みなさまにお礼を言いたいと思います)
- Thanks again for coming.
  (お越しいただき、ほんとうにありがとうございます)

③ 質問できなかった人に気を遣いながらプレゼンを締め括ってもいいでしょう

- Should anyone have any further* questions, I would be happy to talk to you one-on-one* later.
  (もしどなたかさらに質問がありましたら、のちほどよろこんで一対一でお話しいたします)
- If any of you have any other questions, please feel free to talk to me later.
  (どなたかほかにご質問がありましたら、のちほど遠慮なくおたずねください)
- I look forward to talking to some of you later.
  (のちほどみなさんのうち何人かとお話しするのを楽しみにしています)

further「さらなる；追加の」　one-on-one「一対一で」

第5章

ビジネス電話の英会話

Unit 118 「電話を受ける」

Answering a Call

●重要表現 Key Expressions

How may I help you?
（どういったご用件でしょうか？）

ここがポイント
ビジネス電話を受けて、社名を伝えたあとには How may I help you?「どういったご用件でしょうか？」といった表現で用件をたずねるのが一般的です。

●会話例 Dialogue

(CD 3-55)

A Good morning, ABC Computing. **How may I help you?**
（おはようございます、ABCコンピューティングです。どういったご用件でしょうか？）

B Hello. Could I speak to someone in the PR department please?
（こんにちは。広報部のどなたかとお話しできますでしょうか？）

A Would you like to speak to anyone in particular?*
（特に話したい者がいらっしゃいますか？）

B No. Anyone in the PR department will be fine.
（いいえ。広報部の方ならどなたでもかまいません）

A Just a moment. I will check who is available.*
（少々お待ちください。だれが電話に出られるか確認します）

in particular「特に」 available「電話に出られる」

●類似表現 Similar Expressions 重要表現の類似表現をいっしょに覚えよう

- How may I be of assistance?*
（どういったご用件でしょうか？）

- How can I help you?
（どういったご用件でしょうか？）

- What can I do for you?
（どういったご用件でしょうか？）

be of assistance「手伝う；役に立つ」

● 関連表現 Related Expressions このシーンに関連した英語を覚えよう

① あいさつに続いて、まずは会社名、また必要なら支社名と部署名を伝えます

- Good morning. You've reached* ABC Computing.
  (おはようございます。ABC コンピューティングでございます)

- Good afternoon. ABC Computing, San Diego office.
  (こんにちは。ABC コンピューティングのサンディエゴ支社でございます)

- Hello. ABC Computing, accounting department.
  (こんにちは。ABC コンピューティングの経理部でございます)

> You have reached ... 「（電話で）こちらは…でございます」

② だれあての電話なのかをたずねる表現です

- May I ask who you are calling?
  (だれあてのお電話でしょうか？)

- Who would you like to speak to?
  (だれとお話しになりたいでしょうか？)

- Do you know the name of the person you would like to speak to?
  (お話しなさりたい者の名前はおわかりになりますか？)

③ 相手が話したい人物がいるかどうか確認してくることを伝える表現です

- I will check if anyone is available.
  (だれか電話に出られるか確認してまいります)

- Let me see* if he is here.
  (彼がいるかどうか確認してきます)

> see「確認する」

ビジネス電話の英会話 ● 第 **5** 章 ●

Unit 119 「自分宛の電話を受ける」

Taking a Call

●重要表現 Key Expressions

This is Natasha Crumley.
（ナターシャ・クラムリーです）

ここがポイント
内線などで転送されてきた自分あての電話を受けたときの答え方をチェックしていきます。
Hello. This is ... で自分の名前を伝えましょう。

●会話例 Dialogue

A Hello. **This is Natasha Crumley.**
（もしもし。ナターシャ・クラムリーです）

B Hello, Natasha. This is Louis Burley.
（こんにちは、ナターシャ。ルイス・バーリーです）

A Hello, Mr. Burley. How are you today?
（こんにちは、バーリーさん。お元気ですか？）

B I'm fine, thank you. And you?
（元気ですよ、そちらはどうですか？）

A I'm fine. Now what can I do for you?*
（元気です。さて、どういったご用件でしょうか？）

What can I do for you?「どういった用件でしょうか？」

●類似表現 Similar Expressions　重要表現の類似表現をいっしょに覚えよう

This is Barbara Rummel speaking.
（バーバラ・ラメルでございます）

You've reached* Barbara Rummel.
（バーバラ・ラメルです）

Barbara Rummel speaking.
（バーバラ・ラメルです）

You have reached ...「（電話で）こちらは…でございます」

● 関連表現 Related Expressions このシーンに関連した英語を覚えよう

① 電話の相手を知っている場合は、まずは次のようなあいさつを挟みましょう

- I hope you're doing well.
  (お元気ですか？)
- How are you doing today?
  (ご機嫌いかがですか？)
- Have you been doing well?
  (お変わりありませんか？)

Have you been doing well?「お変わりありませんか？」は、しばらく会ったり話したりしていなかった人に対して使うあいさつです。

② 相手に電話の用件をたずねる表現です

- How may I assist* you today?
  (今日はどういったご用件でしょうか？)
- How can I help you today?
  (今日はどういったご用件でしょうか？)
- What can I do for you today?
  (今日はどういったご用件でしょうか？)

assist「手伝う」

③ いますぐ相手と話ができずかけ直す、あるいはかけ直してもらうときに使える表現

- I'm terribly sorry*, could I call you back* later today?
  (大変申し訳ありませんが、今日のちほどかけ直してもよろしいですか？)
- Would it be alright if I call you back a bit later?
  (少しあとでかけ直してもよろしいですか？)
- Could you call me back a bit later?
  (少しあとでかけ直していただけませんか？)

I'm terribly sorry.「大変申し訳ありません」　call back「折り返し電話する」

Unit 120 「自分がだれか名乗る」

Making a Call

●重要表現 Key Expressions

Hello, my name is Louis Burley.
(もしもし、ルイス・バーリーと申します)

ここがポイント

このユニットでは、電話をかけた側が自分から名乗るときの言い回しをチェックしていきましょう。

●会話例 Dialogue

A Hello, World Beverages.
(もしもし、ワールド・ビバリッジです)

B Hello, my name is Louis Burley.
(もしもし、ルイス・バーリーと申します)

A Good afternoon.
(こんにちは)

B I'm calling from ABC Consulting.
(ABC コンサルティングの者です)

A What can I do for you?
(どういったご用件でしょうか?)

●類似表現 Similar Expressions 重要表現の類似表現をいっしょに覚えよう

This is Ellen Nelms of ABC Consulting.
(ABC コンサルティングのエレン・ネルムズです)

This is Jeniffer Stover, sales manager of ABC Publishing.
(ABC パブリッシングの営業部長、ジェニファー・ストウヴァーです)

This is Nicole Lister.
(ニコール・リスターと申します)

●関連表現 Related Expressions このシーンに関連した英語を覚えよう

(1) ひとことあいさつを加えながら、名前を名乗る言い方もあります

- Good morning. My name is Jack Stover.
  (こんにちは、ジャック・ストウヴァーと申します)
- Hello. This is Russell Lister.
  (こんにちは、ラッセル・リスターと申します)
- Hi, Peter Farmer here.*
  (もしもし、ピーター・ファーマーと言いますが)

here 「こちらは」

(2) 自分の所属する会社名を伝える言い回しのバリエーションです

- I'm calling today from ABC Publishing.
  (本日は ABC パブリッシングからお電話差し上げています)
- I'm phoning you from ABC Publishing.
  (ABC パブリッシングからお電話しています)

(3) 雑音が入る、聞き取りにくいなど電話をいったん切ってかけ直さなければならないときもあります

- Can you hear me clearly?*
  (はっきり聞こえますか?)
- I think we have a bad connection.*
  (回線の接続が悪いようです)
- I'll call right back.
  (すぐにかけ直しますので)

clearly 「はっきりと」　bad connection 「(電話回線の) 接続が悪い」

Unit 121 「話したい相手を指定する英語」

Asking for a Specific Person

● 重要表現 Key Expressions

I'd like to speak to someone in your accounting department.
(経理部の方とお話ししたいのですが)

ここがポイント

電話でだれと話したいのかを伝える際、相手の名前と部署を伝えるのがベストです。名前がわからない場合は、役職あるいは部署を伝えてみましょう。

● 会話例 Dialogue

(CD 3-61)

A What can I do for you, Mr. Burley?
(バーリーさん、どういったご用件でしょうか？)

B I'd like to speak to someone in your accounting department.*
(経理部の方とお話ししたいのですが)

A Do you know the name of the person you would like to speak to?
(お話しなさりたい者の名前はおわかりですか？)

B I think his name is Johnson.
(ジョンソンだと思います)

A Yes. That would be Leo Johnson. Just a moment.
(はい。リオ・ジョンソンですね。少々お待ちください)

accounting department「経理部」

● 類似表現 Similar Expressions　重要表現の類似表現をいっしょに覚えよう

I'm calling to speak to Mr. Albert Carrasco.
(アルバート・カラスコさんとお話ししたいのですが)

I'd like to speak to your sales manager.
(そちらの営業部長の方とお話ししたいのですが)

I'm calling for* James.
(ジェイムズと話したいのですが)

call for ...「…あてに電話する」

3番目はくだけた言い回しです。よく知っている会社に電話する場合などに使いましょう。

●関連表現 Related Expressions このシーンに関連した英語を覚えよう

① 話したい相手の名前がわからないときには役職や部署名で次のように伝えても OK です

- Would it be possible to speak to someone in your sales department?
  (営業部のどなたかとお話しすることはできますでしょうか？)
- I'd like to speak with the head* of your PR department.
  (広報部の部長とお話ししたいのですが)
- Could you connect me with one of your sales representatives?*
  (営業部員のどなたかとつないでいただけますか？)

> head「長；リーダー」 sales representative「営業部員」

② 話したい相手の名前が不確かなとき、わからないときに使える表現です

- I believe her name is Crumley.
  (クラムリーという名前だと思います)
- Her first name is Natasha, but I'm not sure what her last name is.
  (ファーストネームはナターシャだったと思いますが、名字はわかりません)
- I'm sorry, I've forgotten her name.
  (申し訳ありません、お名前を忘れてしまいました)

③ 話したい相手の名前がわかっていれば、次のように伝えることもできます

- Is Ms. Crumley available?*
  (クラムリーさんはいらっしゃいますか？)
- Is Natasha in?*
  (ナターシャさんはいますか？)

> available「電話に出られる」 in「職場にいて；在宅して」

Unit 122 「相手の名前をたずねる表現」
Asking the Caller's Name

● 重要表現 Key Expressions

May I ask who is calling, please?
(お名前をうかがってよろしいですか？)

ここがポイント
会社あてにかかってきた電話で、相手が名乗らない場合には、名前をたずねる必要があります。ていねいに名前をたずねる表現を覚えておきましょう。

● 会話例 Dialogue

Ⓐ Hello, you've reached* ABC Computing. How may I help you?
(もしもし、ABC コンピューティングでございます。どういったご用件でしょうか？)

Ⓑ Hello. Could I speak with Carl Lombard?
(こんにちは。カール・ロンバードさんとお話しできますでしょうか？)

Ⓐ **May I ask who is calling, please?**
(お名前をうかがってよろしいですか？)

Ⓑ This is Russell Lister. (ラッセル・リスターです)

Ⓐ And what company are you with?
(どちらの会社の方でしょうか？)

Ⓑ World Beverages. (ワールド・ビバリッジです)

✎ You have reached ... 「(電話で)こちらは…でございます」

● 類似表現 Similar Expressions　重要表現の類似表現をいっしょに覚えよう

May I ask your name, please?
(お名前をうかがってよろしいでしょうか？)

Could I have your name, please?
(お名前をうかがってよろしいですか？)

Can I ask your name, please?
(お名前をうかがってもいいですか？)

●関連表現 Related Expressions このシーンに関連した英語を覚えよう

① 名前を聴き取れなかった場合などには、確認を取りましょう

- Would you mind spelling* your name, please?
  (お名前のスペルを教えていただけますか？)
- Could you repeat your name, please?
  (お名前をもう一度言っていただけますか？)
- I'm sorry, I didn't catch* your name.
  (すみません、お名前が聴き取れませんでした)

spell「スペルを言う」 catch「聴き取る」

② 相手が所属する会社名を言わない場合も、念のため確認しておきましょう

- Could you also give me your company's name, please?
  (会社名もうかがってよろしいですか？)
- And what is the name of your company?
  (どちらの会社でしょうか？)

③ 相手の名前を正しく把握できているか確認する表現です

- Just to confirm,* your name is Melinda Daye, right?
  (確認ですが、お名前はメリンダ・デイさんでよろしいですね？)
- Let me check that I have got your name right.
  (お名前を正しく聴き取れているか確認させてください)
- Scott Hathaway from ABC Computing. Is that right?
  (ABCコンピューティングのスコット・ハサウェイさんですね。それで正しいでしょうか？)

confirm「確認する」

Unit 123 「聴き取れなかったとき」
Asking the Speaker to Repeat Themselves

●重要表現 Key Expressions

I'm sorry, could I have your name again?
(すみません、お名前をもう一度言っていただけますか？)

ここがポイント
相手の話や名前などが聴き取れなかったり理解できなかったときには、そのことをきちんと伝えてもう一度言ってもらうようお願いします。

●会話例 Dialogue

A Could I speak to Mr. Lightner, please?
(ライトナーさんとお話しできますでしょうか？)

B I'm sorry, did you say Right or Lightner?
(すみません、Right とおっしゃいましたか、Lightner ですか？)

A Lightner. My name is Roger Borders.
(Lightner です。私の名前はロジャー・ボーダーズと申します)

B I'm sorry, could I have your name again?
(すみません、お名前をもう一度言っていただけますか？)

A Yes, it's Roger Borders.
(はい、ロジャー・ボーダーズです)

●類似表現 Similar Expressions 重要表現の類似表現をいっしょに覚えよう

Would you mind saying your name again?
(もう一度お名前を言っていただけますか？)

May I ask who's calling again, please?
(もう一度お名前を言っていただけますか？)

Could you give that to me again, please?
(もう一度、言っていただけますか？)

Unit 122 の表現も参考にしましょう。

●関連表現 Related Expressions このシーンに関連した英語を覚えよう

(1) 相手の話が聴き取れなかったり理解できなかったと伝える表現です

- I'm afraid I didn't catch* that.
  (すみませんが聴き取れませんでした)
- I'm sorry, I didn't understand you.
  (すみませんがお話がわかりませんでした)
- Sorry, I missed* that.
  (すみません、聴き取れませんでした)

catch「聴き取る」 miss「聴き逃す」

(2) ①の表現に続いて、話を繰り返してもらうよう依頼しましょう

- Would you mind repeating that?
  (もう一度、言っていただけますか?)
- Could I ask you to repeat that?
  (もう一度、言っていただけますか?)
- Could you say that again, please?
  (もう一度、言っていただけますか?)

(3) 話が理解できたら、お礼のひとことを忘れずに

- Thank you for repeating yourself. I've got it now.
  (繰り返しお話ししていただきありがとうございます。わかりました)
- Thank you. I have it* now.
  (ありがとうございます。わかりました)

have it「わかる」

Unit 124 「相手の用件を聞く」

Asking the Purpose for a Call

●重要表現 Key Expressions

May I ask what you are calling about?
(どういったご用件でのお電話でしょうか？)

ここがポイント

ここでは、電話をかけてきた相手に、電話の用件をたずねるときの表現を見ていきましょう。

●会話例 Dialogue

A Could I speak to David Marriot, please?
(デイヴィッド・マリオットさんとお話ししたいのですが)

B May I ask what you are calling about?
(どういったご用件でのお電話でしょうか？)

A I am calling about a meeting we have scheduled for next week.
(来週予定しているミーティングの件でお電話しています)

B Is he expecting* your call?
(マリオットはお電話があることを知っていますか？)

A No, he isn't.
(いいえ、知りません)

expect「予期する」

●類似表現 Similar Expressions　重要表現の類似表現をいっしょに覚えよう

What is this* regarding?*
(どういったご用件でのお電話でしょうか？)

Could you tell me what you are calling about?
(どういったご用件でのお電話でしょうか？)

What is this concerning?*
(どういったご用件でのお電話でしょうか？)

this = this call「この電話」　regarding/concerning ...「…に関して」

● **関連表現** Related Expressions　このシーンに関連した英語を覚えよう

① 相手の電話の用件がある程度わかっている場合は、次のような表現でもいいでしょう

- Are you calling about the conference?*
（会議についてのお電話でしょうか？）
- Is this concerning your order?
（ご注文に関するお電話でしょうか？）
- Are you calling about the expo?
（博覧会に関するお電話ですか？）

conference「会議」

② 相手が電話をかけ直してきているのかどうかを確認する表現です

- Did Mr. Marriot call you earlier?
（マリオットが先にお電話したのでしょうか？）
- Are you calling him back?*
（お電話をおかけ直していただいているのでしょうか？）
- I think Mr. Marriot called you earlier, didn't he?
（マリオットがお電話したんですよね？）

call back「かけ直す」

同じ会社の人に言及するとき、英語では他社の人の前でも Mr. などの敬称をつけます。

③ 相手からの電話が予期されていたものかどうか確認する表現です

- Did Mr. Marriot ask you to call?
（マリオットが電話するように依頼したのですか？）
- Did he know you would be calling?
（あなたがお電話することを彼は知っていましたか？）

Unit 125 「相手を電話口で待たせるとき」
Asking the Caller to Hold

●重要表現 Key Expressions

Could I ask you to hold?
(そのままお待ちいただけますか？)

ここがポイント
電話で相手を待たせるときによく使う表現を覚えておきましょう。少し長くかかりそうな場合は、その旨を伝えます。ここでよく出てくる hold は「(電話を切らずに) そのまま待つ」という意味の動詞です。

●会話例 Dialogue

A Could I speak to Ms. Elliott, please?
(エリオットさんとお話しできますでしょうか？)

B Just a moment, please.
(少々お待ちください)

A Thank you.
(ありがとうございます)

B I'm sorry, Ms. Elliott is on another line.* **Could I ask you to hold?***
(すみません、エリオットは別の電話に出ております。そのままお待ちいただけますか？)

A Yes, of course.
(はい、もちろんです)

be on another line「別の電話に出ている」　hold「電話を切らずに待つ」

●類似表現 Similar Expressions　重要表現の類似表現をいっしょに覚えよう

Would you mind* holding for a moment?
(少々お待ちいただけますか？)

Hold just a moment, please.
(少々お待ちください)

Just a moment.
(少々お待ちください)

Would you mind -ing ...?「…していただけますか？」

●関連表現 Related Expressions このシーンに関連した英語を覚えよう

① 短時間待たせるだけのときには次のような表現が使えます

- Just a moment, I will see if he is available.*
  （少々お待ちください、彼が電話に出られるか確認してきます）
- Just a moment while I get him.
  （彼を呼び出しますので少々お待ちください）
- Let me check if he is in.*
  （彼がいるかどうか確認します）

available「電話に出られる」 in「職場にいて；在宅して」

② 目的の人物がすぐに電話に出られない場合は、その理由を伝えましょう

- I'm afraid Mr. Carter is in the middle of* another call.
  （恐れ入りますがカーターは別の電話の最中です）
- Mr. Carter is tied up* at the moment.
  （カーターはただいま手が離せません）
- He just came back into the office.
  （彼はいまオフィスに戻ってきたばかりなんです）

in the middle of ...「…の最中で」　be tied up「動けない」

③ あとで電話をかけ直させることを伝える表現です

- Would it be alright if Mr. Marriot called you back later?
  （マリオットのほうから、あとでかけ直してもよろしいでしょうか？）
- Mr. Marriot will call you back later, if that is OK.
  （よろしければマリオットがあとでかけ直します）

Unit 126 「内線でつなぐとき」
Connecting the Caller to an Extension

●重要表現 Key Expressions

> **Just a moment, I'll connect you.**
> (おつなぎしますので、少々お待ちください)

ここがポイント
電話を転送する場合は、急に回線が途切れたと思われないように、Just a moment, I'll connect you. のような表現ではっきり伝えましょう。

●会話例 Dialogue

A Could I speak to Mr. Marriot, please?
(マリオットさんとお話しできますでしょうか?)

B Just a moment, I will see if he is in.
(少々お待ちください、いるかどうか確認します)

A Of course.
(わかりました)

B Just a moment, I'll connect* you.
(おつなぎしますので、少々お待ちください)

A Thank you.
(ありがとう)

connect「つなぐ」

●類似表現 Similar Expressions 重要表現の類似表現をいっしょに覚えよう

> I'll transfer* you to his extension.*
> (彼の内線におつなぎします)

> I will put your call through.*
> (お電話をおつなぎします)

> I'll connect your call.
> (お電話をおつなぎします)

transfer「転送する」 extension「内線」 put ... through「(電話で) …をつなぐ」

● **関連表現** Related Expressions このシーンに関連した英語を覚えよう

①　話したい相手に電話をつないでもらうよう依頼する表現です

- Would you transfer me to Mr. Marriot, please?
  （マリオットさんにつないでいただけますか？）
- Could you please put me through to Mr. Marriot's phone?
  （マリオットさんの電話につないでいただけますか？）
- I don't know his extension number,* but could you connect me to Mr. Marriot?
  （マリオットさんの内線番号がわからないのですが、つないでいただけますか？）

　　extension number「内線番号」

②　目的の人物の内線番号や携帯の番号を知っているかたずねる表現です

- Do you know the extension of the person you would like to speak with?
  （お話しになりたい者の内線番号はご存知ですか？）
- Do you know the direct number* of Mr. Marriot?
  （マリオットの直通番号はご存知ですか？）
- Do you have Mr. Marriot's mobile number?*
  （マリオットの携帯番号はご存知ですか？）

　　direct number「直通番号」　mobile number「携帯電話番号」

③　内線番号や直通番号を教える表現です

- Allow me to give you his extension number for the future.
  （今後のため彼の内線番号をお伝えさせてください）
- I'll give you his direct number so you can reach him directly* next time. It's 03-555-1218.
  （次から直接連絡が取れるように、彼の直通番号をお知らせしたします。03-555-1218 です）
- I'll give you his mobile number so you can contact* him when he is out of the office.
  （彼がオフィスにいないときに連絡が取れるよう、彼の携帯の番号をお知らせします）

　　directly「直接」　contact「連絡を取る」

ビジネス電話の英会話　第5章

Unit 127 「かけ直してもらうとき」
Asking the Caller to Call Another Number

●重要表現 Key Expressions

If it is urgent, you can call her at her mobile number.
（緊急の用件でしたら、携帯におかけいただいてもかまいません）

ここがポイント
相手が急いでいる場合などは、携帯電話に電話してもらうよう依頼してもいいでしょう。

●会話例 Dialogue

A Could I speak to Ellen Jameson, please?
（エレン・ジェイムソンさんとお話しできますでしょうか？）

B I'm afraid she is out of the office at the moment.
（すみませんがただいま外出しております）

A Do you know when she will be back?
（いつお戻りになるかわかりますか？）

B Not until later.* If it is urgent,* you can call her at her mobile number.
（遅くまで戻りません。緊急の用件でしたら、携帯におかけいただいてもかまいません）

A I'll do that.
（そうします）

> Not until later.「遅くなるまで…しない」　urgent「緊急の」

●類似表現 Similar Expressions　重要表現の類似表現をいっしょに覚えよう

Would you mind calling her at her direct number?*
（彼女の直通電話にお電話していただけますでしょうか？）

Could you call her at her mobile number?
（彼女の携帯電話のほうにお電話していただけますか？）

Could you call me back on my mobile phone?
（私の携帯電話のほうに折り返しお電話いただけますか？）

> direct number「直通電話」

● **関連表現** Related Expressions このシーンに関連した英語を覚えよう

(1) 携帯電話にかけてもらうよう依頼したり、携帯の番号がわかっているか確認したりする表現です

- Do you know Ms. Jameson's mobile number?
 (ジェイムソンの携帯の番号をご存知ですか？)

- Shall I give you her mobile number?
 (彼女の携帯の番号をお教えしましょうか)

- You've got my mobile number, don't you?
 (私の携帯の番号は知っていますよね？)

(2) 携帯に電話してもいいかどうか、また携帯番号をたずねる表現です

- Would it be possible* for me to call her at her mobile number?
 (彼女の携帯にお電話することはできますでしょうか？)

- Would it be OK if I called her mobile?
 (彼女の携帯電話にお電話してもよろしいですか？)

- Could I have her mobile number, please?
 (彼女の携帯の番号を教えていただけますでしょうか？)

✎ possible「可能な」

(3) 別の時間にかけ直してもらうよう依頼する表現です

- Would you mind calling back in* an hour's time?
 (1時間後にかけ直していただいてもよろしいでしょうか？)

- Could you call her back later?
 (あとで彼女あてにかけ直していただけますか？)

- Can you call again tomorrow?
 (明日もう一度電話してもらえますか？)

✎ in ...「(時間を表して)…あとで」

ビジネス電話の英会話 ◎ 第 **5** 章 ◎

Unit 128 「間違い電話への対処」
Replying to a Wrong Number Call

●重要表現 Key Expressions

I'm afraid you have the wrong number.
(恐れ入りますが電話番号をお間違えです)

ここがポイント
間違い電話を受けたときに使える決まり文句を覚えておきましょう。間違い電話をかけた側は、最後にお詫びの言葉をつけ加えることを忘れずに。

●会話例 Dialogue

A Could I speak to Nina Welty, please?
(ニナ・ウェルティさんとお話ししたいのですが)

B Sorry, could I have that name again?
(すみません、もう一度言っていただけますか？)

A I'd like to speak to Nina Welty.
(ニナ・ウェルティさんとお話ししたいのですが)

B I'm afraid you have the wrong number.*
(恐れ入りますが電話番号をお間違えです)

A Oh, I'm sorry to have bothered* you.
(ああ、お手数をおかけしてすみませんでした)

wrong number「間違った電話番号」 bother「迷惑をかける」

●類似表現 Similar Expressions 重要表現の類似表現をいっしょに覚えよう

It seems you've dialed* the wrong number.
(電話番号をお間違えのようです)

I think you have the wrong number.
(電話番号をお間違えかと思います)

You've got the wrong number.
(電話番号をお間違えです)

dial「ダイアルする」

●**関連表現** Related Expressions このシーンに関連した英語を覚えよう

① 番号を間違えているかもしれないと思ったら、次のような表現で確認しましょう

- I'm trying to reach* ABC Computing.
  （ABC コンピューティングにお電話しています）
- I'm calling for Nina Welty. Do I have the right* number?
  （ニナ・ウェルティさんにお電話しています。電話番号は合っていますか？）
- Is there a Nina Welty at this number?
  （ニナ・ウェルティさんはこの番号でしょうか？）

✎ reach「連絡する」 right「正しい」

② 間違い電話であることを説明する表現です

- There is no one by that name here.
  （こちらにはそのような名前の者はおりません）
- There is no Nina Welty at this number.
  （この番号にはニナ・ウェルティという者はおりません）
- You've reached* World Printing, not ABC Computing.
  （こちらは ABC コンピューティングではなくワールド・プリンティングです）

✎ You've reached ...「…にお電話をおかけです」

③ 間違い電話をかけてしまったときには、お詫びのひとことを言ってから電話を切りましょう

- I'm terribly sorry to have troubled* you.
  （お手数をおかけしてほんとうに申し訳ありません）
- Sorry to have bothered you.
  （お手数をおかけして申し訳ありません）
- It seems* I've dialed the wrong number. Sorry about that.
  （番号を間違えてしまったようです。申し訳ありません）

✎ trouble「迷惑をかける」 it seems ...「…のようだ」

ビジネス電話の英会話 ◎ 第 **5** 章 ◎

Unit 129 「指定された相手が出られないとき」
Giving Alternatives When the Person Called Is Not Available

●重要表現 Key Expressions

Would you like to call again later, or should I have her call you back?
(後ほどまたおかけになりますか、それとも彼女に折り返し電話させましょうか？)

ここがポイント
話したい人物が電話に出られない場合には、どのような方法で連絡を取りたいかたずねる必要があります。緊急の用件なら携帯電話、急がなければEメールでもいいでしょう。

●会話例 Dialogue

A Hello. Is Janet Sims in, please?
(もしもし、ジャネット・シムズさんはいらっしゃいますか？)

B I'm afraid she is out of the office at the moment.
(恐れ入りますがただいま外出しております)

A I see.
(わかりました)

B Would you like to call again later, or should I have* her call you back?
(後ほどまたおかけになりますか、それとも彼女に折り返し電話させましょうか？)

have someone ... 「…（人）に…させる；してもらう」

●類似表現 Similar Expressions　重要表現の類似表現をいっしょに覚えよう

- Will you call back, or should I have her call you?
(おかけ直しになりますか、それとも彼女に電話させましょうか？)

- Would you like her to return your call?*
(彼女から折り返しお電話したほうがよろしいですか？)

- Shall I have her call you at your mobile phone?
(携帯にお電話させましょうか？)

return someone's call 「…に電話をかけ直す」

● 関連表現　Related Expressions　このシーンに関連した英語を覚えよう

① かけ直す時間帯や伝言があるかなどをたずねる表現です

- Should she call you back later today or is tomorrow better for you?
  (今日あとで彼女からかけ直すか、あるいは明日のほうがよろしいですか？)

- Would you like to call her back, or would you like to leave a message?
  (おかけ直しになりますか、それとも伝言を預かりましょうか？)

② 携帯やEメールなどの選択肢を示す表現です

- Would you like to try to reach her at her mobile phone?
  (携帯電話におかけになってみますか？)

- I can give you her e-mail address if that helps.*
  (もしよろしければ彼女のEメールアドレスをお教えします)

- Would you like her to contact* you by phone or e-mail?
  (彼女から電話で連絡したほうがよろしいですか、あるいはEメールがよろしいですか？)

> help「役に立つ」　contact「連絡を取る」

③ 代わりにほかのだれかが対応できるかどうか、たずねてみてもいいでしょう

- Ms. Sims is not in, but I can try to answer any questions you may have.
  (シムズはいませんが、なにかご質問があれば私がお答えします)

- She is not in,* but you can speak to our manager if you like.
  (彼女はいませんが、よろしければ部長とお話しいただけます)

- Would you like to speak to someone else instead?*
  (代わりに別の者とお話しになりますか？)

> in「職場にいて；在宅して」　instead「代わりに」

Unit 130 「不在・出られないと言われたとき」
Choosing an Alternative When Someone Is Not Available

● 重要表現 Key Expressions

I'll try to reach her again tomorrow.
(明日もう一度連絡してみます)

ここがポイント
相手が不在で、こちらから折り返すのか、先方にかけ直してもらうのかなど、いろいろな選択肢を与えられたら、どうしたいのかを選んではっきりと返答しましょう。

● 会話例 Dialogue

A Could I speak to Ms. Swain, please?
（スウェインさんとお話しできますでしょうか？）

B I'm sorry, she is away from the office* today.
（すみませんが、彼女は今日はオフィスにおりません）

A I see. Will she be in tomorrow?
（わかりました。明日はいらっしゃいますか？）

B Yes, she will. Would you like her to call you back?
（はい、おります。彼女のほうからかけ直したほうがよろしいですか？）

A No, that is alright. **I'll try to reach her again tomorrow.**
（いいえ、かまいません。明日もう一度連絡してみます）

---
away from the office「（職場から）外出中で」

● 類似表現 Similar Expressions　重要表現の類似表現をいっしょに覚えよう

Could you have him call me back when he is available, please?
（手の空いたときに、彼からかけ直してもらえますでしょうか？）

I will try to reach* her at her mobile number.
（彼女の携帯に電話してみます）

I'll try to catch* him later.
（あとで連絡を取ってみます）

---
reach「連絡する」　catch「（人を）捕まえる；会う」

● **関連表現** Related Expressions　このシーンに関連した英語を覚えよう

(1) 急ぎの用件ならその旨を話し、希望する連絡方法を伝えます

- It's rather urgent, so could you please have her call me back as soon as she is available?
  (かなり急ぎの用なので、手が空き次第電話をかけ直してもらえますでしょうか？)

- I need to speak to her as soon as possible, so please have her get in touch with* me.
  (なるべく早く話をしなければならないので、彼女から私に連絡してもらうようにしてください)

- It's pretty important, so I'll try to contact her on her mobile.
  (かなり重要な件ですので、携帯に電話してみます)

✐ get in touch with ...「…に連絡する」

(2) 重要な用件でなければ、次のように伝えるといいでしょう

- It is not so urgent, so I will try to call her again tomorrow.
  (そんなに急ぎの用ではありませんので、明日また電話してみます)

- Please have her call me back when it is convenient* for her.
  (都合のいいときに彼女に折り返し電話してもらってください)

- It's not so important, so I will just e-mail her later.
  (そんなに重要なことではないので、あとでEメールを送ります)

✐ when it is convenient「都合かいいときに」

(3) 電話をかけ直してもらう必要のないときに使える表現です

- It's not necessary for her to call me back.
  (彼女にかけ直してもらう必要はありません)

- There's no need for her to call me back, since I will be meeting her tomorrow.
  (明日ミーティングで会いますので、彼女にかけ直してもらう必要はありません)

- I'll text* her, so she doesn't need to call me back.
  (携帯でメールを送りますので、彼女にかけ直してもらう必要はありません)

✐ text「携帯でメールを送る」

Unit 131 「メッセージを預かる」

Taking a Message

●重要表現 Key Expressions

Would you like me to take a message?
(伝言をお預かりしましょうか？)

ここがポイント
電話を受けるべき人物あるいは担当者が不在の場合の選択肢としては、伝言を預かっておくことも可能です。その場合のやり取りのフレーズも確認しておきましょう。

●会話例 Dialogue

A Could I speak to Megan Brand, please?
(メーガン・ブランドさんとお話しできますでしょうか？)

B I'm sorry, but she's not in* at the moment. **Would you like me to take a message?***
(すみませんが、ただいま外出しております。伝言をお預かりしましょうか？)

A Yes, could you ask her to call Peter Farr?
(はい、ピーター・ファーあてにお電話をいただけるようお伝えいただけますか？)

B Of course. Does she have your phone number?
(わかりました。彼女はあなたの電話番号を知っていますか？)

A Yes, she does.
(はい、ご存知です)

B OK, I'll have her call you.
(わかりました、彼女に電話させます)

---

in「職場にいて；在宅して」 take a messeage「伝言を預かる」

●類似表現 Similar Expressions 重要表現の類似表現をいっしょに覚えよう

Would you care to* leave a message for him?
(伝言をお残しになりますか？)

Would you like to leave a message?*
(伝言をお残しになりますか？)

Shall I take a message?
(伝言をお預かりしましょうか？)

---

care to ...「…したい」 leave a message「伝言を残す」

●関連表現 Related Expressions　このシーンに関連した英語を覚えよう

① 伝言を受けたら、相手の連絡先がわかっているかどうか確認しておきましょう

- Does Ms. Brand have your contact information?*
  （ブランドはあなたの連絡先を存じておりますでしょうか？）

- Does she know how to contact you?
  （彼女はどのように連絡すればいいかわかっていますでしょうか？）

　contact information「連絡先」

② 相手の連絡先をたずねる表現です

- Shall I take your phone number just in case?*
  （念のためお電話番号をうかがってよろしいですか？）

- Could you give me your contact details, please?
  （連絡先を教えていただけますでしょうか？）

- Can I have your e-mail address please?
  （Eメールアドレスを教えてもらえますか？）

　just in case「念のため」

③ 伝言を預かったら、次のような表現で確認を取りましょう

- May I confirm* your message?
  （伝言を確認してよろしいですか？）

- May I read your message back to you?
  （伝言を繰り返してよろしいですか？）

- Please allow me to reconfirm* your message.
  （伝言を再度確認させてください）

　confirm「確認する」　reconfirm「再確認する」

Unit 132 「不在時の受け応えの締め括り」
Replying to a Choice

●重要表現 Key Expressions

I'll have her call you back just as soon as she can.
（できるだけ早く彼女に電話させます）

ここがポイント
相手がどのように連絡を取り直したいかわかったら、その旨了承したということをはっきり伝えましょう。

●会話例 Dialogue

A Would you like her to call you back?
（彼女からかけ直せたほうがよろしいですか？）

B Yes. It's rather urgent.
（はい。緊急の用件です）

A I see. **I'll have her call you back just as soon as she can.**
（わかりました。できるだけ早く彼女に電話させます）

B Thank you.
（ありがとうございます）

A It should be within the next hour.*
（1時間以内に電話するはずです）

within the next hour「1時間以内に」

●類似表現 Similar Expressions　重要表現の類似表現をいっしょに覚えよう

- I'll have her get back to you.
（折り返し彼女に電話させます）

- Mr. Marriot will call you back later today.
（マリオットから、今日のちほど折り返しお電話します）

- We'll wait for* your call.
（お電話お待ちしております）

wait for ...「…を待つ」

● 関連表現 Related Expressions　このシーンに関連した英語を覚えよう

① いまのやり取りを伝えておくと言えば、電話の相手も安心です

- I'll tell her to expect* your e-mail.
  (あなたからのEメールがあることを伝えます)
- I'll let her know you will be calling back.
  (あなたからまたお電話があることを彼女に知らせます)
- I'll tell him to expect your call.
  (あなたからお電話があることを伝えます)

expect「(起こりうることを) 予期する」

② こちらからかけ直させるときには、折り返し連絡可能な時間も伝えましょう

- He should be able to call you back within the next two hours.
  (2時間以内に彼から折り返しお電話できるはずです)
- He will call you first thing tomorrow.*
  (明日いちばんに彼からお電話いたします)
- He'll get back to you before 5 today.
  (今日5時までには彼からお電話いたします)

first thing tomorrow「明日いちばんに」

③ 念のため、緊急の場合などに備えて次のようなひとことを添えてもいいでしょう

- If you don't hear from him, please feel free to* call again.
  (彼から連絡がなかったら、遠慮なくまたお電話ください)
- If something urgent comes up, please call again.
  (緊急の用件がありましたら、またお電話ください)
- You can call him at his mobile if something comes up.
  (なにかありましたら、彼の携帯にお電話いただしてかまいません)

feel free to ...「遠慮なく…する」

Unit 133 「電話が途切れてしまったとき」
Calling Again After Being Cut Off

●重要表現 Key Expressions

We seem to have been disconnected.
(電話が切れてしまったようです)

ここがポイント
電波の状態が悪い、あるいは内線への切り替えの失敗などで、会話の途中で電話が切れてしまうこともあります。そんな場面で使える表現を見ていきましょう。

●会話例 Dialogue (CD 3-85)

A Hello, ABC Computing, Peter Farr speaking.
(こんにちは、ABC コンピューティングのピーター・ファーです)

B Hello, it's Mary. **We seem to have been disconnected.***
(こんにちは、メアリーです。電話が切れてしまったようです)

A Oh, thank you for calling me back.
(かけ直してもらってすみません)

B Could you repeat what you just said before we were cut off?
(電話が切れる前にお話ししていたことをもう一度言っていただけますか?)

disconnect「(電話などを)切る」

●類似表現 Similar Expressions 重要表現の類似表現をいっしょに覚えよう

I'm afraid the phone cut out.*
(すみませんが、電話が切れてしまいました)

We were cut off* in mid-conversation.*
(話の途中で電話が切れてしまいました)

We lost our connection* for some reason.
(なぜだかわかりませんが、電話が切れてしまいました)

cut out「切れる」　cut off「(電話などを)切る」　mid-conversation「会話の途中」　connection「接続」

●関連表現 Related Expressions このシーンに関連した英語を覚えよう

(1) 間違えて電話を切ってしまったときに使える表現です

- I'm afraid I hung up by mistake.
  (すみません、間違えて電話を切ってしまいました)

- I'm sorry, I accidentally* hung up on* you.
  (すみません、うっかり電話を切ってしまいました)

> accidentally「うっかり；誤って」　hang up on ...「…との電話を（一方的に）切る」

(2) 会話が中断されたときなどに、なんの話をしていたのか確認する表現です

- Where were we?
  (どこまでお話ししましたっけ？)

- Where was I?
  (どこまでお話ししましたっけ？)

- What were we just talking about?
  (なんの話をしていましたっけ？)

(3) 中断していた話に戻るときは次のような表現が使えます

- May I continue where I left off?*
  (中断していた話を続けてもよろしいですか？)

- Going back* to what we were talking about ...
  (話の続きに戻りますと…)

- Please continue what you were saying about your next business fair.
  (どうぞ、次のビジネス・フェアについてのお話を続けてください)

> leave off「（仕事や話などを途中で）やめる；離れる」　go back「戻る」

Unit 134 「電話を切るときの英語」
Ending a Phone Call

● 重要表現 Key Expressions

Thank you for calling today.
(今日はお電話いただきありがとうございました)

ここがポイント
ビジネスの電話を切るときには、あいさつといっしょに、なにかあったら遠慮なく連絡が欲しいこと、次に会える機会を楽しみにしていることなどを伝えてもいいでしょう。

● 会話例 Dialogue

A So, I will wait for the quotations* from you.
(それでは、お見積もりをお待ちしております)

B You should get them within the week.
(今週中にはお受け取りになるはずです)

A Thank you for your time.
(お手数をおかけしました)

B **Thank you for calling today.** I look forward to speaking to you again soon.
(今日はお電話いただきありがとうございました。また近いうちにお話しするのを楽しみにしております)

A Good bye.
(さようなら)

---

quotation 「見積もり」

● 類似表現 Similar Expressions　重要表現の類似表現をいっしょに覚えよう

- Thank you very much for your call.
  (お電話いただきどうもありがとうございました)

- Thank you for calling us.
  (お電話いただきどうもありがとうございました)

- Thanks for your call.
  (お電話ありがとうございました)

● 関連表現 Related Expressions　このシーンに関連した英語を覚えよう

(1) 電話を切る前には、次のような表現もよく使います

- If you ever need anything, feel free to* call me.
  (もしなにかありましたら、遠慮なくお電話ください)

- If you have any questions about anything, please don't hesitate to* contact me.
  (もしなにか質問がありましたら、遠慮なくご連絡ください)

- Is there anything else I can do for you?
  (ほかにご用件はありますか？)

feel free to .../don't hesitate to ... 「遠慮なく…してください」

(2) 電話が長くなってしまったときには、次のようなひとことを使いましょう

- Well, I should let you go.
  (そろそろ切ったほうがいいですね)

- Sorry this turned into* such a long call.
  (こんなに電話が長くなってしまってすみません)

turn into ... 「…になる」

Well, I should let you go.「そろそろ切ったほうがいいですね」は電話を切る際に使う決まり文句です。直訳は「そろそろ、あなたを解放すべきですね」。

(3) 次に会う予定などが決まっているときには、次のような表現で電話を締め括ります

- I look forward to talking to you again tomorrow.
  (明日またお話しするのを楽しみにしております)

- I'll see you at your office tomorrow.
  (明日あなたのオフィスでお会いしましょう)

- See you at the meeting next week.
  (来週ミーティングでお会いしましょう)

■ 著者略歴

長尾 和夫（Kazuo Nagao）

福岡県出身。南雲堂出版、アスク講談社、NOVA などで、大学英語教科書や語学系書籍・CD-ROM・Web サイトなどの編集・制作・執筆に携わる。現在、語学書籍の出版プロデュース・執筆・編集・翻訳などを行うアルファ・プラス・カフェ（www.alphapluscafe.com）を主宰。『つぶやき英語』『カンタン英会話パターン 88』（アスク出版）、『絶対「英語の耳」になる！ リスニング 50 のルール ① ～ ③ 巻』（三修社）、『起きてから寝るまで英会話口慣らし練習帳（完全改訂版）』（アルク）、『英会話 見たまま練習帳』（DHC）、『英語で自分をアピールできますか？』（角川グループパブリッシング）、『ネイティブ英語がこう聞こえたら、この英語だ！』（主婦の友社）、『使ってはいけない英語』（河出書房新社）ほか、著訳書・編集は 200 点余りに及ぶ。『English Journal』（アルク）、『CNN English Express』（朝日出版社）など、雑誌媒体への寄稿も行っている。

ケビン・マクギュー（Kevin Mcgue）

米国ミズーリ州出身。2000 年ワシントン大学大学院英言語学・文学部修士課程を卒業後、日本に渡る。英語教育に従事するほか、記者・カメラマン・翻訳家としても活躍。日本国内の英文メディア『メトロポリス』、『Japan Times』などでファッション・音楽関係のライターとして活躍している。また、イタリア・アメリカ・香港などの海外出版社向けに、日本観光ガイドや日本文化紹介の記事も寄稿している。

130の実践シーンで展開する
ビジネス英会話 ダイアローグ

2011 年 4 月 10 日　第 1 刷発行

著　者	長尾和夫　ケビン・マクギュー
発行者	前田俊秀
発行所	株式会社三修社
	〒 150-0001　東京都渋谷区神宮前 2-2-22
	TEL 03-3405-4511　FAX 03-3405-4522
	振替 00190-9-72758
	http://www.sanshusha.co.jp
	編集担当　北村英治
印刷・製本	壮光舎印刷株式会社

ⓒ2011 A+Café　Printed in Japan
ISBN978-4-384-05657-0 C2082

®〈日本複写権センター委託出版物〉
本書を無断で複写複製（コピー）することは、著作権法上の例外を除き、禁じられています。
本書をコピーされる場合は、事前に日本複写権センター（JRRC）の許諾を受けてください。
JRRC（http://www.jrrc.or.jp　e-mail：info@jrrc.or.jp　電話：03-3401-2382）